U0133906

岁时广记

上

〔宋〕陈元靓 撰 ｜ 许逸民 点校

中华书局

图书在版编目(CIP)数据

岁时广记/(宋)陈元靓撰;许逸民点校. —北京:中华书局,
2022.8
ISBN 978-7-101-15779-6

Ⅰ.岁… Ⅱ.①陈…②许… Ⅲ.岁时节令-风俗习惯-中国
-古代 Ⅳ.K892.18

中国版本图书馆 CIP 数据核字(2022)第 100649 号

书 名 岁时广记(全二册)
撰 者 〔宋〕陈元靓
点 校 者 许逸民
责任编辑 许 桁
责任印制 管 斌
出版发行 中华书局
(北京市丰台区太平桥西里 38 号 100073)
http://www.zhbc.com.cn
E-mail:zhbc@zhbc.com.cn
印 刷 三河市宏盛印务有限公司
版 次 2022 年 8 月第 1 版
2022 年 8 月第 1 次印刷
规 格 开本/880×1230 毫米 1/32
印张 25⅜ 插页 4 字数 507 千字
印 数 1-4000 册
国际书号 ISBN 978-7-101-15779-6
定 价 88.00 元

点校说明

　　岁时广记四十二卷(图说一卷,春、夏、秋、冬四卷,自元旦至除夕三十六卷,总载一卷),宋陈元靓(jìng)撰。陈元靓其人,名不甚显,然其著述颇丰,除岁时广记外,尚撰有博闻录十卷、事林广记四十二卷。博闻录见于明黄虞稷千顷堂书目卷一二著录,今虽散佚,而本书及农桑辑要(元农政司撰)、农政全书(明徐光启撰)等多有引录,事林广记则今存元至顺刊本,堪称我国古代民间日用百科之大全。

　　陈元靓之里贯行实,四库提要仅据卷端朱鉴、刘纯序引,揣断其为"理宗时人",馀则不能详言。迄清陆心源重刊足本岁时广记序,乃据原书自署"广寒仙裔陈元靓"及福建通志记载,推而论之:"广寒先生姓陈氏,不知其名,福建崇安人,陈希夷弟子。后尸解,墓在建阳县三桂里水东源","子逊,绍圣四年进士,官至侍郎","元靓,盖逊之裔也"。当代学者胡道静先生,于此书用力尤多,细究朱、刘二序,并爬梳崇安志史料后,认为"崇安县东乡五夫里有龟山;又有西坑岭,为梅溪之源。梅溪西南流入崇溪,崇溪即崇安之主流也。因此知陈元靓是崇安五夫里人","可知元靓并无功名仕历,唯隐居著书而已"。①

明代以来,公私藏目皆著录有岁时广记,不过有入经部礼类月令之属者(如红雨楼书目),有入史部时令类者(如千顷堂书目、四库全书总目),亦有入子部类书类者(如宝文堂书目)。各家所入部属虽异,但对其体例与性质之认定则大同。概要言之,岁时广记乃是一部以节令为纲,以时俗为目,举凡农事生产、日常生活、祭祀祈祷、服饰饮馔、游乐诗赋、养生诊疗,甚至历史典故、神话传说、民间故事,莫不征引,可谓希冀集天上人间之大成之书。但若视其纲、究其实,则当属时令类专题类书而已。

陈元靓一生不仕,心无旁骛,终日以抄撮诸书为能事。所纂博闻录、岁时广记、事林广记三书,出入四部,广征博引,卷帙浩繁,特色鲜明。若问作者穷其一生,累年为此芜杂恒饤之事,用意何在?四库提要以为"大抵为启劄应用而设,故于稗官说部多所征据,而尔雅、淮南诸书所载足资考证者,反多遗阙,未可以称善本"。此说就事论事,只见其书,于陈氏纂集背景则似茫然。我以为迄今唯胡道静先生所说,足以释人之疑。他说:"这些书有一个共通的特点,都是为取便流俗通用而编的。福建崇安、建阳之间的麻沙镇,在宋、元时代书坊林立,这些坊肆不但照本刻印古书,也新编一些适应士林、民间需要的书籍刊售。元靓是崇安人,去麻沙甚近,颇疑他因科场失利,遂绝意仕进,佣于书肆,以编写为生。所以他虽然编撰了不少民间所

---

① 胡道静元至顺刊本事林广记解题,见中国古代典籍十讲类书典籍解读(下),复旦大学出版社 2004 年版。

喜好的书籍,但是姓名并不见于史传。"①这一论断,既十分切近作者身世,又十分契合时代、地域背景,颇中肯綮。

陈元靓史传无载,其生卒寿纪难道其详。惟依据朱、刘序引及书中引书下限,约略可知其生活年代。他应当主要生活在南宋宁宗(1195—1224)、理宗(1225—1264)两朝,是否入元,无从案验。宁、理两朝凡六十九年,则陈元靓之年寿至少也在七十开外。此前已有专门考证,兹引录胡道静、李裕民二说,以见其详。胡先生说:"朱鉴是朱熹长子塾之子,最为熹所钟爱,异于诸孙;以荫补迪功郎,官至户部郎中,湖北总领,宝祐六年(1258)卒,年六十九。序文结衔署'宣教郎特差知无为军巢县事兼理武民兵军正总辖屯戍兵马借绯新安朱鉴撰',尚在其官户部、湖北之前。刘纯,崇安人,以父荫授沙县主簿,调袁州分宜县丞,寻入监和剂局。绍定(1228—1233)中,调湖北帐干。引文结衔署'文林郎新得行在太平惠民和剂局监门道山居士刘纯君锡撰',由此又可得知,岁时广记当成书于宝庆、绍定之间(十三世纪二三十年代之交),因为是在刘纯调外以前、新得和剂局监门的时代。"②李先生说:"刘纯在绍定二年(1229)之前调湖北帐干,监和剂局又在其前,以任职三年计,当在宝庆二年(1226)至绍定元年间,'新得和剂局监门',应在宝庆二年,本书之成亦当在是年。又此书所引最晚为嘉泰事类……全名为嘉泰条法事类,谢深甫撰。嘉泰二年(1202)表上(直斋书录解

---

① 胡道静元至顺刊本事林广记解题。
② 同上。

题卷七）。据此，此书始作之年必在嘉泰二年之后。"①依据李说，岁时广记纂集起讫为嘉泰二年至宝庆二年，前后费时二十四年，此时作者应处于青壮时期，与前文所估年寿大抵相谐。

岁时广记成编后，或因为卷帙繁多，一时并未付梓。检明、清书目可知，自元迄明万历以前，此书唯见钞本存世，直至明万历三十一年（1603），胡文焕格致丛书中始有岁时广记四卷刻本（春、夏、秋、冬各一卷，图说一卷，实则五卷）出现，而四十二卷完本依旧未见踪影。乃至清修四库全书时，也止觅得春、夏、秋、冬四卷本，连图说一卷也已丢失。清光绪初年，朱绪曾获悉天一阁藏有四十二卷钞本，亟前往过录，开有益斋读书志记其始末云："向得岁时广记五卷，图说为首卷，四时分四卷，为龚半仙藏书。证以敏求记，以为足本。今至范氏天一阁得四十二卷本，首图说一卷，春、夏、秋、冬四卷，自元旦至除夕三十六卷，末总载一卷，始为完书，乃钞而藏之。"②与此同时，胡氏琳琅秘室、刘喜海嘉荫簃亦各从天一阁写取一本。光绪七年（1881），陆心源辑刻十万卷楼丛书二编，始将四十二卷完本付诸剞劂。1935年，上海商务印书馆又据十万卷楼丛书本作为丛书集成初编本排印出版。时至今日，丛书集成排印本（商务版、中华版）最为通行，格致丛书之四卷本（含图说一卷）、学海类编之四卷本当亦不难获见。

此次点校即采用陆心源辑刻十万卷楼丛书为底本，以学海

①　李裕民四库提要订误（增订本）卷二，中华书局2005年版。
②　见清钱曾著，傅增湘批注，管庭芬、章钰校证，冯惠民整理藏园批注读书敏求记校证卷二之中，中华书局2011年版。

类编四卷本为校本。不过在校勘方法之运用,以及对校勘成果的处理上,却与古籍整理通则略有不同。一般古籍校勘最重对校和本校,而岁时广记属于类书,四十二卷本几乎就是孤本,学海类编四卷本又远不能肩负全书对校责任,加以类书以抄撮众书为能,本校于此亦难奏效。有鉴于此,此次的校勘只能偏重于他校和理校,换言之,即以探究史源出处作为本书校勘的第一要务,逐一切入所征引之书,以诸书善本为依托,从细心比对中发现问题,追寻致误根由,然后审慎按断是非。

事实证明,此种做法行之有效,由此而发现的底本讹误委实不在少数。按照校勘常规,底本如存在明显讹误,理应予以校改,以去除版本传刻之失,使整理本更加接近于撰者原本,也可方便当今读者引用。然而类书编纂至南宋时期,"辗转稗贩,实学颇荒"(四库全书总目类书类小序)之弊显露无遗,诸如引文取舍不当,撰人张冠李戴,年号时代混淆,出处称谓繁简不一之类,屡见不鲜。此次校勘深为其弊所苦,倘若有错必纠,则改而不胜其改,必然伤及原书风貌,甚或以此减损宋人闻见之本真价值。迭经权衡,最后决定对此次的校勘所得,分为两种方式处理:(一)凡有学海类编本异文为依据者,遇有讹误处,一律改正原文后出校。此类情况在校记中所占比例甚微,且校记合乎校勘常规,无须举例说明。(二)凡学海类编本之外,通过考察原始出处和史源考证所发现之讹误,则出校申明所见,明辨是非,但一律不改原文,俾使原书一仍旧貌。兹拟略举数例,以示校勘梗概:

一、卷一春"斗奇花"条:"天宝遗事:'长安王土安春时斗花,戴插以奇花多者为胜。皆用千金市名花,植于庭中,以备春时之斗。'"按,"王士安",今本开元天宝遗事卷下同,然稽考群书,唐天宝时,长安豪富未闻有王士安其人。另检古今事文类聚(宋祝穆撰)前集卷六引天宝遗事云:"长安士女春时斗花,以奇花多者为胜。皆以千金市名花,植于庭中。正月半,乘车跨马适郊野中,为探春之宴。"据此,"王士安"三字当是"士女"二字之形变。

二、卷二夏"冰丝茵"条:"乐府杂录:'唐老子,本长安富家子,生计荡尽。遇老妪持旧茵,以半千获之。有波斯人见之,乃曰:"此是冰蚕丝所织,暑月置于座,满室清凉。"即酬万金。'"按,太平御览卷五六八引乐府杂录:"康老子者,本长安富室家子,酷好声乐,落托不事生计,常与国乐游处。一旦,家产荡尽。因诣西廛,遇一媪持旧锦茵货鬻次,康乃酬半千获得之。寻有波斯见,大惊,谓康老曰:'何处得此至宝? 此是冰蚕所织,若暑月陈于榻上,可致一室清凉。'因酬价千万,鬻之。康老获此厚价,复与国乐追欢,不三数年间,费用又尽。康老寻殁,乐嗟叹之,乃撰此曲也。"又类说卷一六、海录碎事卷五、锦绣万花谷后集卷三一引乐府杂录亦作"康老子",则此所谓"唐老子"实误。

三、卷三秋"仙掌露"条:"前汉班固传:'武帝建章宫露盘上,有仙人掌承露,和玉屑饮之。金茎,铜柱也。'"按,班固(32—92)为东汉人,其传附见后汉书卷四〇班彪传,故"前汉"为非,"后汉"为是。

四、卷四冬"辟寒金"条:"古今诗话:'嗽寒鸟,出昆明国,形如雀,色黄。魏明帝时,其国来献。饲以真珠及兔脑,常吐金屑如粟。宫人争取为钗钿,名之辟寒金,此鸟不畏寒也。宫人相嘲曰:"不取辟寒金,那得帝王心。不服辟寒钿,那得帝王怜。'""嗽寒鸟",拾遗记卷七、太平御览卷一七八、太平广记卷四六三引拾遗记并作"嗽金鸟"。按,拾遗记卷七:"魏明帝即位二年,起灵禽之园,远方国所献异鸟殊兽,皆畜此园也。昆明国贡嗽金鸟,国人云:'其地去燃州九千里,出此鸟,形如雀而色黄,羽毛柔密,常翱翔海上,罗者得之,以为至祥。闻大魏之德,被于荒远,故越山航海,来献大国。'帝得此鸟,畜于灵禽之园,饴以珍珠,饮以龟脑。鸟常吐金屑如粟,铸之可以为器","此鸟畏霜雪,乃起小屋处之,名曰'辟寒台'。皆用水精为户牖,使内外通光。宫人争以鸟吐之金用饰钗珮,谓之'辟寒金'。故宫人相嘲曰:'不服辟寒金,那得帝王心。'于是媚惑者,乱争此宝金为身饰,及行卧皆怀挟以要宠幸也。魏氏丧灭,池台鞠为煨烬,嗽金之鸟,亦自翱翔矣。"此处所称古今诗话,当指北宋李颀之古今诗话录,李书凡七十卷,当时流通未广,后乃散佚,至今在诗话总龟、苕溪渔隐丛话等书中偶见引录,陈元靓此条似据诗话总龟(宋阮阅撰)卷四七转引。不论是古今诗话录首次引用致误,还是诗话总龟再次引用致误,总之,作"嗽寒鸟"非确。

五、卷五元旦上"插桃梧"条:"淮南子诠言训:'羿死于桃梧。'许慎注云:'梧,大杖也。取桃为之,以击杀羿。由是以死,鬼畏桃。'"按,淮南子诠言训:"羿死于桃棓。"高诱注:"棓,大杖,以桃木为之,以击杀羿。由是以来,鬼畏桃也。"又太平御览卷三五七引六韬:"方首铁棓重十二斤,柄长五尺,千二百枚,一名天棓。"许慎注:"大杖。以桃为之,杀羿,是以鬼畏桃人也。"

可见三处"梧"字皆当作"梧"。

六、卷七元旦下"占丰歉"条："酉阳杂俎：'龟兹国，十二月及元旦，王及首领分为两朋，各出一人着甲，众人执瓦石棒杖，东西互击，甲人先死即止，以占当年丰歉。'"按，酉阳杂俎卷四境异："拔汗那，十二月及元日，王及酋领，分为两朋，各出一人着甲，众人执瓦石棒杖，东西互击，甲人先死即止，以占当年丰俭。"又新唐书西域下宁远传："宁远者，本拔汗那，或曰钹汗，元魏时谓破洛那。去京师八千里"，"每元日，王及首领判二朋，朋出一人被甲斗，众以瓦石相之，有死者止，以卜岁善恶。"据此，"龟兹国"乃"拔汗那国"之误。

七、卷九人日"造面茧"条："（上略）欧阳公诗云：'来时擘茧正探官。'""欧阳公"，实当作"梅尧臣"，有本集为证。按，宋梅尧臣宛陵集卷五一和永叔内翰："来时擘茧正探官，走马传宣夹路看。便锁青春辞上阁，徒知白日近长安。思归有梦同谁说，强意题诗只自宽。犹喜共量天下士，亦胜东野亦胜韩。"又欧阳修归田录卷二："圣俞自天圣中与余为诗友，余尝赠以蟠桃诗，有韩、孟之戏，故至此梅赠余云：'犹喜共量天下士，亦胜东野亦胜韩。'"

八、卷十二上元下"拔鬼嫔"条："道经应验：'蜀王孟昶时，于青城山丈人观折麻姑坛，偶石城令献一女曰张丽华，纳之丈人观侧。（下略）'"按，此言"蜀王孟昶时"，而张丽华乃南朝陈后主妃，与五代蜀后主孟昶时代相隔甚远。考十国春秋卷五〇后蜀三后主妃张氏传有张太华其人，则"张丽华"者，"张太华"也，一字之谬，差之四五百年。

九、卷二十佛日"行摩诃"条："岁时杂记：'诸经说佛生日不同，其指言四月八日生者为多。宿愿果报经云："诸佛世尊皆是此日，故用四月八日灌佛也。"今但南方皆用此日，北人专用腊月八日。近岁因圆照禅师来慧林，始用此日行摩诃利头经法，自是稍稍遵。'"摩诃利头经"，当作"摩诃刹头经"，此误。按，众经目录卷一："灌佛经一卷（一名摩诃刹头经）。"又开元释教录卷一二著录灌洗佛形像经（亦名四月八日灌经）一卷，西晋释法炬译，又摩诃刹头经（亦名灌佛形像经）一卷，苻秦释圣坚译，二经属同本异译，前者为第一译，后者乃第二译。

十、卷二十二端五中"纳贡献"条："汉食货志：'端午，四方贡献至数千万者，加以恩泽，而诸道侈縻以自媚。'"此处所言为唐朝事，非两汉事，"汉食货志"当作"唐食货志"。按，新唐书食货志一："然帝性俭约，身所御衣，必浣染至再三，欲以先天下。然生日、端午，四方贡献至数千万者，加以恩泽，而诸道尚侈丽以自媚。"

十一、卷二十五立秋"命督邮"条："汉书：'孙宝为京兆尹，以立秋日，署侯文为东部督邮。入见，敕曰："今日鹰隼始击，当从天气取奸恶，以成严霜之诛。"'又裴德容注：'汉家授御史，多于立秋日，盖以风霜鹰隼初击。'""裴德容注"，接上读，令人误以为是裴德容所作汉书注，实则不然。按，唐杜牧樊川文集卷一七有韦退之除户部员外郎裴德融除殿中侍御史卢颖除监察御史制云："敕：仲尼见负版者，则必式之。此言为国根本，不敢不敬。况其官属，岂可轻用。汉家授署御史，多于立秋，盖以风霜始严，鹰隼初击，古人垂旨，可以知之。"原来"汉家授御史多于立秋日"云云,竟是杜牧为裴德融等授官所作制文中语,与所谓"裴德容注"风马牛不相及。

十二、卷二十六七夕上"架鹊桥"条:"(上略)又东坡七夕词云:'喜鹊桥成催凤驾。'"此称"东坡七夕词",疑误,按,小山词(宋晏几道撰)蝶恋花词:"喜鹊桥成催凤驾。天为欢迟,乞与初凉夜。乞巧双蛾如意画,玉钩斜榜西南挂。 分钿擘钗凉叶下。香袖凭肩,谁记当时话。路隔银河犹可借,世间离恨何年罢。"(全宋词第一册第二二三页)

十三、卷三十五重九中"任追赏"条:"唐史李泌传:'贞元敕:九月九日,宜任百寮追赏。'""李泌传"三字疑为衍文。按,两唐书李泌传均不载贞元敕,此敕今见于德宗纪。如旧唐书德宗纪下:"(贞元四年)九月丙午,诏:'比者卿士内外,左右朕躬,朝夕公门,勤劳庶务。今方隅无事,烝庶小康,其正月晦日、三月三日、九月九日三节日,宜任文武百僚选胜地追赏为乐。'"此事之所以误系于李泌传,恐与李泌迎合德宗意,进言"以二月朔为中元节",德宗遂著令中元节"与上巳、九日为三令节"事有关。

十四、卷三十八冬至"南极长"条:"左传:'冬至,日南极。'景极长,阴阳日月万物之始,律当黄钟,其管最长,故有履长之贺。""冬至,日南极"乃左传杜预注文,径称左传已属未当,下文"景极长"云云,更令人茫然不知所出。按,左传僖公五年:"五年春,王正月辛亥朔,日南至。"杜预注:"周正月,今十一月。冬至之日,日南极。"又初学记卷四冬至引玉烛宝典云:"十一月建子,周之正月。冬至,日南极,景极长,阴阳日月万物之始,律当黄钟,其管最长,故有履长之贺。"

十五、卷四十岁除首条:"文选云:'岁季月除,大蜡始节。'"按,"岁季月除,大蜡始节"二句,其最早出处,见艺文类聚卷五七所引晋湛方生七欢。再检文选诸本,卷三四、卷三五为有"七"体文两卷,篇目含枚叔(乘)七发、曹子建(植)七启、张景阳(协)七命,并无湛方生之作,由此似可推定此所谓"文选"恐当是"艺文类聚"之误。

以上十五例,自不能涵盖本书所有校勘细节,但已足反映两种基本情况。前十一例讹误显然,证据确凿,今对原文虽未加改正,看似平淡无奇,但理应引起读者高度重视,一旦引用,则须避免以讹传讹,误人子弟。至于后四例,结论往往在疑似之间。如第十二例,今所见文献分明记载为晏几道词,而此称东坡词,或因为当时传闻即有异辞。第十三例,依据唐史,本不该误称李泌传,但也不能排除此事与李有瓜葛。诸如此类,尽管校记已提出倾向性意见,实际上仍留有很大研究空间,读者亦不妨另辟新说。

岁时广记是一部民间百科全书,当时未必能登大雅之堂,故历经元、明两代,直至有清中叶,罕见流传。但今日观之,岁时广记"于稗官说部多所征据"(四库提要语),较诸其他唐、宋类书,亦堪称特色鲜明,独具只眼。加之书成于宋末,昔日习见之稗官说部书今已大量散佚,端赖本书存续一线之命,吉光片羽,弥足珍贵。由此言之,岁时广记不惟"其所引典故,尚皆备录原文,详记所出,未失前人遗意,与后来类书随意删窜者不同"(同上),而且其中记载有宋以前节序、习俗、农事、饮馔、医药、游艺等百科知识,巨细靡遗,亦研究社会史、文化史、小说史诸家所不可或缺者也。

因本书校勘重在他校和考史,二者皆最讲究所据版本,故于书后附编本书校勘征引书目,以备核检之用。

许逸民　2016 年 11 月 26 日

目　录

岁时广记　卷二　夏 / 55

岁时广记　卷四　　冬 / 97

岁时广记　卷三十八　　冬　至 / 673

重刊足本岁时广记序

　　岁时广记四十二卷,题广寒仙裔陈元靓编。前有宣教郎、特差知无为军巢县事、兼理武民兵军正总辖屯戍兵马、借绯朱鉴序,文林郎、新和剂局监门刘纯序。读书敏求记所著录,只前四卷,四库著录本同。此从天一阁藏抄本传录,尚是全书,惜缺第六卷耳。

　　广寒先生姓陈氏,不知其名,福建崇安人,陈希夷弟子,后尸解,墓在建阳县三桂里水东源。崇安有仙亭峰、白塔、仙洞,皆以广寒得名。子逊,绍圣四年进士,官至侍郎。尝构亭于墓所,名曰望考。后朱子尝居其地,故学者又称曰考亭先生。元靓,盖逊之裔也。

　　朱鉴字子明,朱子长子塾之子。少颖敏,读书一目数行,朱子钟爱异于诸孙。以荫补迪功郎,官至户部郎中、湖广总领。宝祐六年卒,年六十九。见福建通志。其为巢县,则通志失载,可补其缺。

　　纯字君锡,崇安人。以父荫授沙县主簿,调袁州分宜县丞,寻入监和剂局。绍定中,闽寇晏头陀等啸聚汀郡,连犯南剑、建宁,纯调湖北帐干,闻贼迫近邻里,辞归,散家财,招义勇讨之。

邵武守王遂请于朝,以纯知邵武县。讨贼被执,不屈,死之,谥义壮,亦见福建通志,则元靓亦理宗时人也。

所著尚有博闻录、事林广记。广记,余有永乐刊本。博闻录见绛云楼书目,今不传,惟见于此书所引而已。

诰授荣禄大夫、二品顶戴、前分巡广东高廉兵备道陆心源叙。

岁时广记序

有天之时，有人之时。寒暑之推迁，此时之运于天者也，历书所载，盖莫详焉。至于因某日而载某事，此时之系于人者，端千绪万，非托之纪述，则莫能探其源委耳。噫！庆道长于一阳之生，谨履端于一岁之始，是盖天事人事之相参，尤有可据。彼仲夏之重五，季秋之重九，岂天之气候然也，而人实为之。使微考订，就知竞渡之由楚灵均，登高之因费长房乎？引类而伸，若此者众。

虽然，荆楚岁时之记善矣，惜乎失之拘也。秦、唐岁时之所记多矣，惜乎未之备也。今南颍陈君，搜猎经传，以至野史异书，凡有涉于节序者，萃为巨帙，殆靡一遗，仰以稽诸天时，俯以验之人事，题其篇端曰岁时广记，求予文而序之。予惟陈君尝编博闻三录，盛行于世，况此书该而不冗，雅而不俚，自当与并传于无穷云。

宣教郎、特差知无为军巢县事、兼理武民兵军正总辖屯戍兵马、借绯新安朱鉴撰。

岁时广记引

识贵乎博，书患乎略。故入邓林，则知杞梓之良；窥武库，则识甲兵之富。此太平时祖，所以广其记也。然或记录虽详，而采择之未精，或条目虽备，而颠末之多舛，览者病焉。龟峰之麓，梅溪之湾，有隐君子，广寒之孙，涕唾功名，金玉篇籍，采九流之芳润，撷百氏之英华，辅以山经海图，神录怪牒，穷力积稔，萃成一书，目曰岁时广记。

搜节物之异闻，考风俗之攸尚，手编心缉，博而不烦，补白孔之或遗，续晏曾之未备，亦后来杂家者流之奇书也。诚使操觚之士得之，非特可施于竿椟之贻，抑且具助于江山之咏。至于芳辰丽景，怀古感今，江心镜之征，敷于散之辨，随叩随应，取之不穷，当有发久不见异人，必有得异书之叹者矣。其有询故实则笔阁而不书，质异闻则口呿而不对，此记问不广之由。故书不负人，而人负书。

文林郎、新得行在太平惠民和剂局监门、道山居士刘纯君锡撰。

岁时广记

首卷

图　说

月令主属大全图

礼记月令注云："仲春之月,盛德在木,故所主皆木属也。仲夏之月,盛德在火,故所主皆火属也。仲秋之月,盛德在金,故所主皆金属也。仲冬之月,盛德在水,故所主皆水属也。惟土居中央,而分旺四时,故所主皆土属也。"

梁元帝纂要：“春曰青阳，气清而温阳。亦曰发生、芳春、青春、阳春、三春、九春。天曰苍天。万物苍苍而生。风曰阳风、春风、暄风、柔风、惠风。景曰媚景、和景、韶景。时曰良时、嘉时、芳时。辰曰良辰、嘉辰、芳辰。节曰嘉节、韶节、淑节。草曰芳草、弱草、芳卉。木曰华木、华树、芳树、阳树。林曰茂林、芳林。鸟曰阳鸟、时鸟、候鸟、好鸟。禽曰阳禽、时禽、好禽。”

　　"夏曰朱明，_{气赤而光明。}亦曰长赢、朱夏、炎夏、三夏、九夏。天曰昊天。_{言气浩汗。}风曰炎风。节曰炎节。草曰茂草、杂草。木曰蔚林、茂林、密树、茂树。"

"秋曰白藏，气白而收藏万物。亦曰收成、万物成而皆收敛。三秋、九秋、素秋、素商、高商。天曰旻天。旻，愍也。愍万物之雕零。风曰商风、素风、凄风、高风、凉风、悲风、激风、清风。景曰朗景、澄景、清景。时曰凄辰、霜辰。节曰素节、嘉节。草曰衰草。木曰疏木、衰林、霜柯。"

　　"冬曰玄英，气黑而清英。三冬、九冬。天曰上天。言时无事，在上临下。风曰寒风、劲风、严风、厉风、哀风、阴风。景曰冬景、寒景。时曰寒辰。节曰严节。鸟曰寒鸟、寒禽。草曰寒卉、黄草。木曰寒木、寒柯、素木、寒条。"

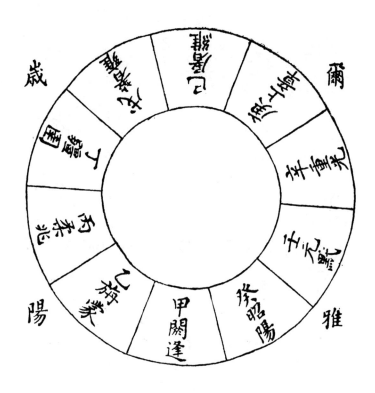

尔雅疏释曰:"此别太阳在日在辰之名也。甲至癸为十日,日为阳。寅至丑为十二辰,辰为阴。汉书律历志:'乃以前历上元泰初四千六百一十七岁,至元封七年,复得阏逢摄提格之岁,中冬。'孟康曰:'言复得者,上元泰初时亦是阏逢之岁。岁在甲曰阏逢,在寅曰摄提格,此谓甲寅之岁也。'然则乙卯之岁曰旃蒙单阏,丙辰之

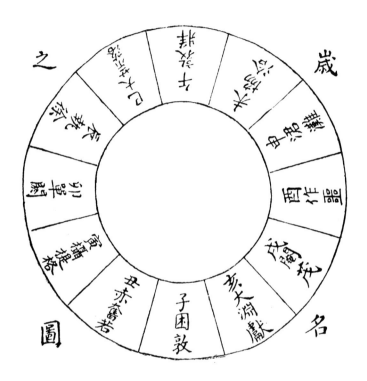

岁曰柔兆执徐,丁巳之岁曰彊圉大荒落,戊午之岁曰著雍敦牂,己未之岁曰屠维协洽,庚申之岁曰上章涒滩,辛酉之岁曰重光作噩,壬戌之岁曰玄黓阉茂,癸亥之岁曰昭阳大渊献,甲子之岁曰阏逢困敦,乙丑之岁曰旃蒙赤奋若。推此,周而复始可知也。"

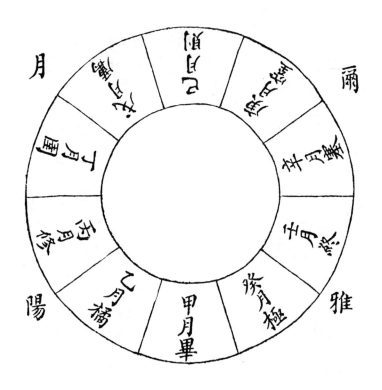

　　尔雅疏释:"此乃辨以日配月之名。设若正月得甲曰毕陬,二月得乙曰橘如,三月得丙曰修病,四月得丁曰圉余,五月得戊曰厉皋,六月得己曰则且,七月得庚曰窒相,八月得辛曰塞壮,九月得壬曰终玄,十月得癸曰极阳,十一月得甲曰毕辜,十二月得乙曰橘涂。周而复始,抑又可知也。"

容斋随笔："太史公历书以阏逢为焉逢,旃蒙为端蒙,柔兆为游兆,疆圉为疆梧,著雍为徒维,屠唯为祝犁,上章为商横,重光为昭阳,玄黓为横艾,昭阳为尚章,大荒落为大芒落,协洽为汁洽,涒滩为赤奋若,作噩为作鄂,阉茂为淹茂,大渊献与困敦更互,赤奋若乃为芮汉。此年久传说,不必深辨。"

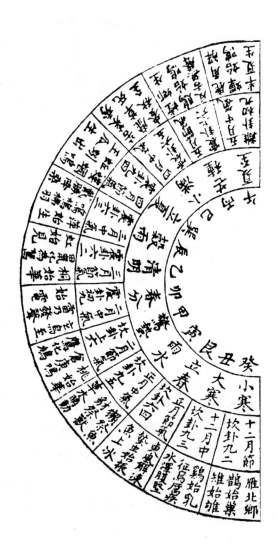

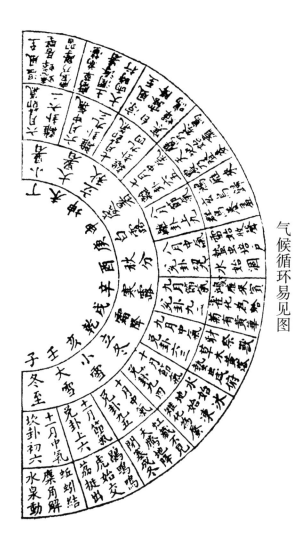

气候循环易见图

尚书正义曰："节气者,周天三百六十五日四分日之一,分为十二月,则月各得三十日十六分日之七。以初为节气,半为中气,故一岁有二十四气,分居辰次焉。"

董巴议曰:"伏牺造八卦,作三画,以象二十四气。"一行卦候验曰①:"七十二候,原于周公。较诸月令,颇有增损,然后先之次则同。自后魏始载于历,乃依易轨所传,不合经义。今改从古。"凡五日为候,三候为气,六气成时,四时成岁。

①卦候验:新唐书历志三上作"卦候议",此误。

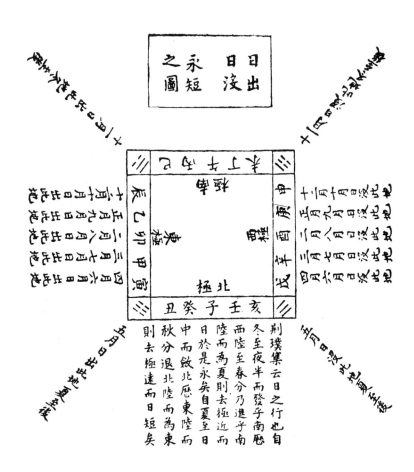

淮南子曰："日出于旸谷,浴于咸池,拂于扶桑,是谓晨明。登于扶桑之上,_{东方之野}。爰始将行,是谓朏明。_{谓将明也}。至于曲阿,_{曲阿,山名}。是谓朝明[1]。临于曾泉,_{东方多水之地}。是谓早食。次于桑野,是谓晏食。臻于衡阳,是谓禺中[2]。对于昆吾,_{昆吾邱在南方}。是谓正中。靡于<u>鸟次</u>③,西南方之山名。是谓小迁④。至于<u>悲谷</u>,悲谷,西北方之山名。是谓脯时⑤。

　　①朝明:<u>淮南子天文训</u>作"旦明",<u>高诱</u>注:"平旦。"

　　②禺中:同上书作"隅中"。

　　③靡于鸟次:"靡",同上书作"至"。

　　④小迁:同上书作"小还"。下文"大迁"同。

　　⑤脯时:同上书作"餔时",<u>艺文类聚</u>卷一、<u>初学记</u>卷一引<u>淮南子</u>作"晡时"。

　　回于<u>女纪</u>,西方阴地。是谓大迁。经于<u>泉隅</u>①,是谓高春。顿于<u>连石</u>,西方山名。是谓下春。爱止<u>羲和</u>,爱息六螭②,是谓悬车。薄于<u>虞泉</u>③,是谓黄昏。沦于<u>蒙谷</u>,是谓定昏。"<u>梁元帝纂要</u>云:"日光曰景,日影曰晷。日初出曰旭,日昕曰晞。在午曰亭午,在未曰昳,日晚曰旰。日西落,反照于东④。景在上曰反景,在下曰倒景。"

　　①泉隅:<u>淮南子天文训</u>作"渊虞",<u>高诱</u>注:"渊虞,地名。"

　　②爱止羲和爱息六螭:同上书作"至于悲泉,爱止其女,爱息其马"。按,<u>初学记</u>卷一引<u>淮南子</u>与此同,并引原注:"日乘车,驾以六龙,<u>羲和</u>御之。日至此而薄于<u>虞泉</u>,<u>羲和</u>至此而回六螭。"

　　③虞泉:同上书作"虞渊"。

　　④反照于东:<u>初学记</u>卷一引<u>梁元帝纂要</u>、<u>太平御览</u>卷三引<u>纂要</u>句前有"光"字。

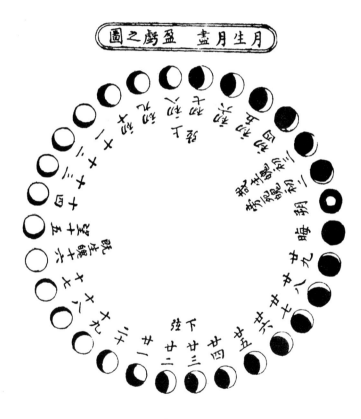

尔雅释名曰[①]："月，阙也，言满则复缺也。朏，音斐。月未成明也。魄，月始生魄然也。承大月，生二日，谓之魄。承小月，生三日，谓之朏。朔，月初之名也。朔，苏也，月死复苏生也。晦，月尽之名也。晦，灰也，死为灰，月光尽似之也。弦，月半之名也。其形一旁曲，一旁直，若张弓弦也。望，月满之名也，日月遥相望也。"

①尔雅释名曰：意即尔雅疏中所引释名，然今本尔雅注疏止引"月，阙也"一句，以下"朏"、"魄"、"朔"、"晦"等文，皆未见引用，因知"尔雅"二字乃属衍文。按，艺文类聚卷一、初学记卷一、太平御览卷四皆引此全文，径称释名。

尚书武成曰："惟一月壬辰，旁死魄。旁，近也。旁死日，近死魄。"又曰："厥四月，哉生明。哉，始也。月三日，始生明。"又曰："既生魄。魄生明死，十五之后。"又大传曰："晦而月见西方，谓之朓。他了切。朔而月见东方，谓之朒。女六切。"五经通义曰："月中有兔与蟾蜍何？兔，阴也。蟾蜍，阳也，而与兔并明，阴系阳也。"

尧典疏曰："二十八宿随天转运，更互在南，每月各有中者。"洪范："四曰星辰。"注云："二十八宿迭见，以叙节气。"疏云："二十八宿昏明迭见，若月令十二月，皆纪昏旦所中之星，所以叙节气也。"隋书天文志云："庖犠氏仰观俯察，以天之二十八宿，周于圆穹之度[①]，以丽十二位也。"随天而转，谓之经星。

①圆穹：隋书作"穹圆"。按，隋书天文志上："爰在庖犠，仰观俯察，谓以天之七曜、二十八星，周于穹圆之度，以丽十二位也。在天成象，示见吉凶。"

尧典四仲迭见之星，则以午为正。月令昏旦迭见之星，则以未为中。盖星之运，始则见于辰，终则伏于戌，自辰至戌，正于午而中于未。故尧典言"日永星火，以正仲夏"，是以午为正也。月令至于季夏，乃曰"昏火中"，则是以未为中。左传曰"火星中而寒暑退"，诗曰"定之方中"，亦皆以未中也。

明昏星經

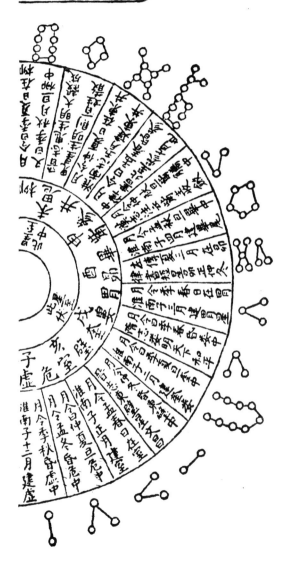

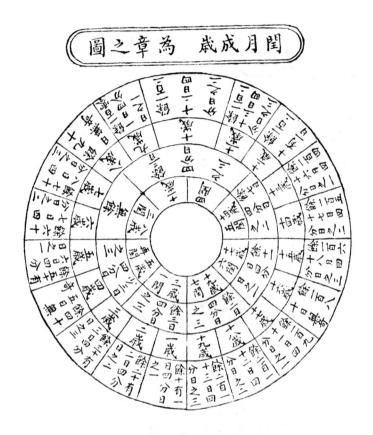

　　先王体元以居正,顺时以授民,是必迎日以推策之。启闭以为节,分至以为中,推闰定时以成岁。以周天之数考之,三百六十五度四分度之一。日之行也,一日经一度,一年则馀五度四分度之一,小月又馀六度,则每岁日行于天馀十有一度四分度之一,是馀十有一日四分日之一也。三年即馀三十三日四分日之三,三年一闰,而馀三日四分日之三。五岁再闰,而少三日四分日之三。十九年七闰,谓之一章。总馀二百一十三日四分日之三,七闰计二百一十日,尚馀三日四分日之三。积至八十一章,然后盈虚之数终而复始矣。

玉衡隨旡指建圖

　　孝经纬："大雪后，玉衡指子，冬至；指癸，小寒；指丑，大寒；指
艮，立春；指寅，雨水；指甲，惊蛰；指卯，春分；指乙，清明；指辰，谷
雨；指丙[①]，立夏；指巳，小满；指巽[②]，芒种；指午，夏至；指丁，小暑；
指未，大暑；指坤，立秋；指戊[③]，处暑；指庚，白露；指酉，秋分；指辛，
寒露；指戌，霜降；指乾，立冬；指亥，小雪；指壬，大雪。"汉志云："玉衡，
北斗也[④]。"

　　①指丙："丙"，古微书卷二七孝经援神契作"巽"。
　　②指巽："巽"，同上书作"丙"。
　　③指戊："戊"，同上书作"申"。
　　④北斗也：同上书作"北斗柄也"。

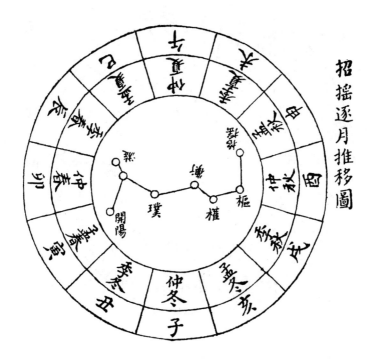

淮南子:"孟春,招摇指寅;仲春,指卯;季春,指辰。孟夏,指
巳;仲夏,指午;季夏,指未。孟秋,指申;仲秋,指酉;季秋,指戌。
孟冬,指亥;仲冬,指子;季冬,指丑。"汉志云:"闰月无中气,斗馀指
两辰之间。"汉、晋志云:"北斗,七政之枢机,阴阳之本元①。运乎天
中,而临制四方,以建四时。辅星传乎阆阳②,所以佐斗而成功
者也。"

①阴阳之本元:"本元",晋书天文志上作"元本"。

②阆阳:同上书作"开阳"。

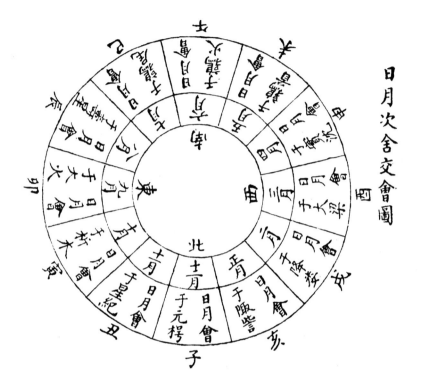

　　尧典曰：“历象日月星辰，敬授人时。”注云：“日月所会，历象其分节，是谓日月交会于十二次也。”左传云：“日月之会，是谓辰。”月令注云：“日月之行，一岁十二会。盖周天三百六十五度四分度之一，日行迟，一日经一度，一岁一周天。月行速，一日经十三度，一月一周天，更行二十九日半，方与日相会也。”

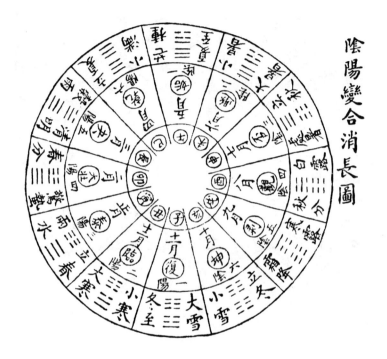

　　太玄经："子则阳生于十一月，阴终于十月。午则阴生于五月，阳终于四月。"观此，则乾坤消息可见矣。阳生于子而终于巳，故乾为四月之卦。阴生于午而终于亥，故坤为十月之卦。盖阴不极则阳不生，故先坤而后复；阳不极则阴不萌，故先乾而后姤。馀皆以意推之，则阴阳消长之理，又可知矣。

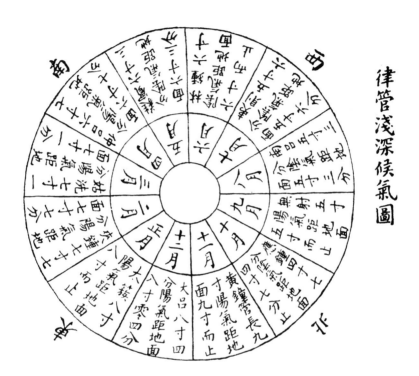

隋天文志候气之法[①]：先治一室，令地极平，乃埋列管，皆使上齐，入地有浅深。各从其方位排列，以葭莩灰实管中候之。气至，则一律飞灰。假如冬至，阳气距地面九寸而至，惟黄钟一管达之，故黄钟为之应。正月，距地面八寸止，自太簇以上皆达，黄钟、大吕皆已虚，故惟太簇一律飞灰。馀皆仿此。

①隋天文志候气之法：此下所引出自沈括梦溪笔谈卷七象数一，非隋书天文志原文。

律吕损益相生图

　　荆璞集曰："律以统气类物，吕以旅阳宣气。律吕者，气候之管也，以铜为之。某月气至，则某律为应焉。应谓吹葭灰也。然必隔八相生，而又始于黄钟之九寸。而黄复始于十一月者，盖物以三成，声以五立，以三参五，而八数成矣。人以八尺而为寻，物以八窍而卵生。故十二律之音，皆隔八而成焉。"

岁时广记

卷一

春

孔子家语曰:"春者,四时之首。"尚书大传曰:"春,出也,万物之所出也。"礼记乡饮酒曰:"东方曰春。春之为言蠢也。"淮南子曰:"春为规。规者,所以圜万物也。规度不失,生气乃理。"前汉律历志曰:"少阳者,东方。东,动也,阳气动物,于时为春。春,蠢也,物蠢生,乃动运。木曲直,仁者生。生者圜,故为规也。"月令曰:"春三月,其日甲乙,其帝太皞,其神勾芒,其虫鳞,其音角,其数八,其味酸,其臭膻,其祀户,祭先肝①。"

①祭先肝:礼记、吕氏春秋作"脾",此误。按,礼记月令:"孟春之月,日在营室,昏参中,旦尾中。其日甲乙,其帝大皞,其神句芒,其虫鳞,其音角,律中大蔟,其数八,其味酸,其臭膻,其祀户,祭先脾。"郑玄注:"春,阳气出,祀之于户内阳也。祀之先祭脾者,春为阳,中于藏直脾,脾为尊。"又吕氏春秋卷一孟春纪:"其祀户,祭先脾。"高诱注:"蛰伏之类,始动生,出由户,故祀户也。脾属土,陈俎豆,脾在前,故曰祭先脾。春木

胜土,先食所胜也。一说脾属木,自用其藏也。”

孟春月

礼记月令曰:“孟春之月,日在<u>营室</u>,昏<u>参</u>中,旦<u>尾</u>中,律中太
簇,东风解冻,蛰虫始振,鱼上冰,獭祭鱼,鸿雁来。天气下降,地气
上腾。天地和同,草木萌动。”

孝经纬:“周天七衡六间曰:‘大寒后十五日,<u>斗指艮为立春</u>①。
后十五日,<u>斗</u>指寅为雨水。’”

①斗指艮为立春:“艮”,古微书引作“东北维”。按,古微书卷
二七引孝经援神契:“周天七衡六间曰:‘大寒后十五日,<u>斗</u>指东北
维为立春。立春后十五日,<u>斗</u>指寅为雨水。’”

<u>刘歆</u>三统历曰:“立春为正月节,雨水为正月中气。雨水者,言
雪散为雨水也。”

周书时训曰:“立春之日,东风解冻。后五日,蛰虫始振。后五
日,鱼上冰。雨水之日,獭祭鱼。后五日,鸿雁来。后五日,草木
萌动。”

白虎通德论曰:“正月律谓之太簇何?‘太’亦大也,‘簇’者凑
也。言万物始大,凑地而出也。”

晋乐志曰:“正月之辰谓之寅,寅,津也,谓物生之津途也①。”

①谓物生之津途也:原作“谓之物生津途也”,今据学海本改。
按,晋书乐志上:“正月,之辰谓之寅,寅者津也,谓生物之津涂也。”

大戴礼夏小正曰："正月,启蛰。雉震呴。时有俊风。涤冻涂①。田鼠出。农及雪泽。采芸。柳稊,梅杏柂桃则华。"

①涤冻涂:大戴礼记夏小正句前有"寒日"二字。按,清王聘珍大戴礼记解诂:"寒,阴气。日谓每日,言其渐也。"

春秋隐公元年:"王正月。"注云:"隐公之始年,周王之正月也。凡人君即位,欲其体元居正,故不言一年一月。"

玉烛宝典曰:"正月为端月。"

梁元帝纂要曰:"正月曰孟阳、孟陬、上春、开春①、发春、献春、首春、首岁、献岁、发岁、初岁、肇岁、芳岁、华岁。"

①开春:初学记卷三引梁元帝纂要:句前尚有"初春"二字。

月令曰:"孟春行夏令,则雨水不时,草木早落,国时有恐。行秋令,则其民大疫,猋风暴雨总至,藜莠蓬蒿并兴。行冬令,则水潦为败,雪霜大挚,首种不入。"

仲春月

月令曰:"仲春之月,日在奎,昏弧中,旦建星中。律中夹钟。始雨水,桃始华,仓庚鸣,鹰化为鸠。玄鸟至,日夜分,雷乃发声,始电。蛰虫咸动,启户始出。"

孝经纬曰:"雨水后十五日,斗指甲①,为惊蛰。后十五日,斗指卯,为春分。"

①斗指甲："甲"，原作"申"，今据学海本改。按，艺文类聚卷三引孝经纬："周天七衡六间曰：'立春后十五日，斗指寅，为雨水。后十五日，斗指甲，为惊蛰。后十五日，斗指卯，为春分。'"

三统历曰："惊蛰为二月节，春分为二月中气。惊蛰者，蛰虫惊而始出也。"

周书时训曰："惊蛰之日，桃始华。后五日，仓庚鸣。后五日，鹰化为鸠。春分之日，玄鸟至。后五日，雷乃发声。后五日，始电。"

白虎通德论曰："二月律谓之夹钟何①？夹者，孚甲也②，言万物孚甲，种类分也。"

①二月律谓之夹钟何：原作"二月建律谓之夹钟何"，"建"字衍，今据学海本删。按，白虎通卷四五行（论十二律）："二月律谓之夹钟何？夹者，孚甲也。言万物孚甲，种类分也。"

②夹者孚甲也："甲"字原阙，今据学海本补。按，白虎通作"孚甲"。见上注。

晋乐志曰："二月之辰名为卯。卯者，茂也，言阳气生而孳茂也。"

夏小正曰："二月祭鲔，采蘩。来降燕，乃睇。"

淮南子曰："二月之夕，女夷鼓歌，以司天和，以长百谷、禽兽、草木。"女夷，春夏长养之神也。江淹文云："春晖驭节①，女夷司景。"

①春晖驭节:海录碎事卷二引江文通(淹)残句作"今春蟆驭节,女夷司景"。

纂要曰:"二月曰仲阳,又曰令月。"张平子归田赋云:"仲春令月,时和气清。"

月令曰:"仲春行夏令,则国乃大旱,暖气早来,虫螟为害。行秋令,则其国大水,寒气总至,寇戎来征。行冬令,则阳气不胜,麦乃不熟,民多相掠。"

季春月

月令曰:"季春之月,日在胃,昏七星中,旦牵牛中。律中姑洗。桐始华,田鼠化为鴽音如,虹始见。萍始生,鸣鸠拂其羽,戴胜降于桑。"

孝经纬云:"春分后十五日,斗指乙,为清明。后十五日,斗指辰,为谷雨。"

三统历曰:"谷雨为三月节,清明为三月中气。"谷雨者,言雨以生百谷。清明者,谓物生清净明洁。

周书时训曰:"清明之日,桐始华。后五日,田鼠化为鴽。后五日,虹始见。谷雨之日,萍始生。后五日,鸣鸠拂其羽。后五日,戴胜降于桑。"

白虎通德论曰:"三月律谓之姑洗何? 姑者,故也。洗者,鲜也。言万物皆去故就新,莫不鲜明也。"

晋乐志云:"三月之辰名为辰。辰者,震也,谓时物尽震动而长也。"

夏小正曰:"参则伏,螢音斛则鸣,颁冰,拂桐芭。"

诗曰:"蚕月条桑。"蚕月,三月也。吴民载诗云:"条风著野方蚕月,高树移阴又麦秋。"唐百家诗曰:"蚕月桑叶青,莺时柳花白。"纂要曰:"三月曰暮春、末春、晚春。"

月令曰:"季春行冬令,则寒气时发,草木皆肃,国有大恐。行夏令,则民多疾疫,时雨不降,山陵不收。行秋令,则天多沉阴,淫雨蚤降,兵革并起。"

花信风

东皋杂录:"江南自初春至初夏[1],五日一番风候,谓之花信风。梅花风最先,楝花风最后,凡二十四番,以为寒绝也。后唐人诗云:'楝花开后风光好,梅子黄时雨意浓。'徐师川诗云:'一百五日寒食雨,二十四番花信风。'又古诗云:'早禾秧雨初晴后,苦楝花风吹日长。'"

[1]自初春至初夏:疑当作"自小寒至谷雨"。按,历代诗话(清吴景旭撰)卷六〇花信风:"清波杂志亦言:'江南自初春至首夏,有二十四番风信。'因引潘元质有'卷帘试约东君问,花信风来第几番'之句。余以此与东皋杂录所谓初春、初夏者,皆记载之讹耳。按师川诗所云'二十四番'者,自小寒至谷雨也。"

条达风

易通卦验:"立春,条风至。"宋均注云:"条者,条达万物之风也。"唐太宗诗云:"条风开献节,灰律动初阳。"

榆荚雨

氾胜书:"三月榆荚雨,高地强土可种秋[1]。"

[1]高地强土可种秋:"秋",太平御览引氾胜之书作"禾"。按,御览卷二〇引氾胜之书:"三月榆荚雨,高地强土可种禾。"又同上书卷八二三引氾胜之书:"三月榆荚雨时,高地强土可种禾。薄田不能粪者,以原蚕矢杂禾种之,则禾不虫。"

杏花雨

提要录:"杏花开时,正值清明前后,必有雨也,谓之杏花雨。"古诗[1]:"沾衣欲湿杏花雨,吹面不寒杨柳风。"又云:"杨柳杏花风雨外,不知佳句落谁家。"晏元献公词云:"红杏开时,一霎清明之雨。"赵德麟词云:"红杏枝头花几许,啼痕正恨清明雨。"

[1]古诗:疑当作"南诗"。"南"谓南上人(僧志南),诗人玉屑引此诗径称志南作可证。按,朱熹晦庵集卷八一跋南上人诗:"南上人以此卷求余旧诗,夜坐为写此及远游、秋夜等篇。顾念山林,俯仰畴昔,为之慨然。南诗清丽有馀,格力闲暇,绝无蔬笋气。如云:'沾衣欲湿杏花雨,吹面不寒杨柳风。'余深爱之,不知世人以为如何也。淳熙辛丑清明后一日,晦翁书。"又诗人玉屑卷二〇"志南"条引柳溪近录:"古木阴中系短篷,杖藜扶我过桥东。沾衣欲湿杏花雨,吹面不寒杨柳风。晦庵尝跋其卷云:'南诗清丽有馀,格力闲暇,无蔬笋气。如云云,余深爱之。'后作书荐至袁梅岩,袁有诗

云：'上人解作风骚话，云谷书来特地夸。杨柳杏花风雨外，不知诗轴在谁家。'"

凌解水

水衡记："黄河水，三月名凌解水。"

桃花水

水衡记："黄河水，二月、三月名桃花水。"又颜师古汉书音义云："月令：'仲春之月，始雨水，桃始华。'盖桃方华时，既有雨水，川谷涨泮①，众流盛长，故谓之桃花水。"老杜诗云："春岸桃花水。"又云："三月桃花浪。"注曰："峡中以三月桃花发时，春水生，谓之桃花水。"王摩诘诗云："春来到处桃花水。"又欧阳公诗云："桃花水下清明路②。"

①川谷涨泮："涨"，汉书颜师古注作"冰"。按，汉书沟洫志："来春桃华水盛，必羡溢，有填淤反壤之害。"颜师古注："月令：'仲春之月，始雨水，桃始华。'盖桃方华时，既有雨水，川谷冰泮，众流猥集，波澜盛长，故谓之桃华水耳。而韩诗传云：'三月桃华水。'反壤者，水塞不通，故令其土壤反还也。"

②桃花水下清明路："路"，于韵不叶，欧阳修集作"前"。按，欧阳修集卷七送宋次道学士赴太平州诗首四句云："古堤老柳藏春烟，桃花水下清明前。江南太守见之笑，击鼓插旗催解船。""前"字为韵脚，作"路"则非。

击春曲

酉阳杂俎:"唐明皇好羯鼓,云'八音之领袖,诸乐不可为比'。尝遇二月初,诘旦,巾栉方毕。时宿雨初晴,景色明丽,小殿亭前,柳杏将吐,睹而叹曰:'对兹景物,岂可不与他判断乎?'左右相目,将命备酒,独高力士遣取羯鼓,旋命之。临轩纵击一曲,名春光好。神思自得,反顾杏花,皆已发坼,指而笑之,谓嫔嫱内官曰:'此一事不唤我作天公,可乎!'皆呼万岁。"东坡诗云:"宫中羯鼓催花柳。"陈简斋诗云:"可是天公须羯鼓,已回寒驭作春酣。"又六言云:"未央宫中红杏,羯鼓三声打开。"

踏春歌

异闻录:"邢凤之子,梦数美人歌踏阳春之曲,曰:'踏阳春,人间二月雨和尘。阳春踏尽秋风起,肠断人间白发人。'"又酉阳杂俎云:"元和初,有士人醉卧厅中。及醒,见古屏上妇人,悉于床前踏歌。歌曰:'长安少女踏春阳,无处春阳不断肠。舞袖弓腰浑忘却,蛾眉空带九秋霜。'又歌曰:'流水涓涓芹长芽,野鸟双飞客还家。荒村无处作寒食,殡宫空对棠梨花。'中一人问曰:'如何是弓腰?'歌者曰:'首髻及地,腰势如规也。'士人惊,叱之,忽皆上屏。"东坡诗云:"城上湖光暖欲波,美人唱我踏春歌。"又詹克爱春睡诗云:"觉后不知身是幻,耳根犹听踏歌声。"

梦春草

　　南史:"谢惠连,年十岁,能属文。族兄灵运嘉赏之:'每有篇章,对惠连辄得佳句。'尝于永嘉西堂思诗,竟日不就,忽梦见惠连,而得'池塘生春草'之句,大以为工。常云:'此语有神助,非吾语也。'"杜甫诗云:"诗应有神助。"东坡词云:"酒阑诗梦觉,春草满池塘。"又诗云:"春草池塘梦惠连①。"陈后山春夜诗云:"梦中无好语,池草为春生②。"

　　①春草池塘梦惠连:"梦惠连",苏轼诗集作"惠连梦"。按,苏轼诗集卷四四昔在九江,与苏伯固唱和,其略曰:"我梦扁舟浮震泽,雪浪横空千顷白。觉来满眼是庐山,倚天无数开青壁。"盖实梦也。昨日又梦伯固手持乳香婴儿示予,觉而思之,盖南华赐物也,岂复与伯固相见于此耶? 今得来书,知已在南华相待数日矣。感叹不已,故先寄此诗:"扁舟震泽定何时,满眼庐山觉又非。春草池塘惠连梦,上林鸿雁子卿归。水香知是曹溪口,眼净同看古佛衣。不向南华结香火,此生何处是真依?"

　　②池草为春生:"春",陈师道后山诗作"谁"。后山诗注卷七春夜:"宿鸟一枝足,争林终日鸣。庭花当户发,江月向人明。鸟度清溪影,风回晚市声。梦中无好语,池草为谁生?"

移春槛

　　开元遗事:"杨国忠子弟,春时,移名花异木,植槛中。下设轮脚,挽以彩组,所至自随,号'移春槛'。"

探春宴

天宝遗事："都人士女，每至正月半后，各乘车跨马，供帐于园圃，或郊野中，为探春之宴。"

探春游

皇朝东京梦华录："上元收灯毕，都人争先出城探春。大抵都城左近，皆是园圃，百里之内，并无闲地，并纵游人赏玩。"

作乐车

天宝遗事："杨氏子弟恃后族之贵，极于奢侈。每春游，以大车结彩为楼，载女乐数十人，自私第声乐前引，出游园苑，长安豪民贵族争效之。"

载油幕

天宝遗事："长安贵家子弟，每至春日，游宴供帐于园圃中。随行载以油幕，或遇阴雨，以幕覆之，尽欢而归。"

挂裙幄

唐辇下岁时记："长安士女游春野步，遇名花，则设席藉草，以红裙插挂,以为宴幄。其奢侈如此。"

掷金钱

开元别纪:"明皇与贵妃在花萼楼下,以金钱远近为限赛,其无掷于地者,以金觥赏之。"天宝遗事云:"内庭妃嫔,每至春日,各于禁中结伴,掷金钱为戏。"

驻马饮

天宝遗事:"长安侠士,每春日,结朋约党,各置矮马,饰以锦鞯金络,并辔于花树下往来,使仆从执酒杯而从之。遇好花,则驻马而饮。"

随蝶幸

开元遗事:"开元末,明皇每春时,旦暮宴于宫中,使嫔妃辈争插艳花,帝亲捉粉蝶放之,随蝶所止幸之。后贵妃专宠,遂不复用此戏。"

斗奇花

天宝遗事:"长安王士安春时斗花[①],戴插以奇花多者为胜。皆用千金市名花,植于庭中,以备春时之斗。"

①长安王士安春时斗花:"王士安",疑当作"士女"。按,今本开元天宝遗事卷下亦作"王士安",然唐天宝时,长安豪富并无王士安其人。检古今事文类聚前集卷六引天宝遗事云:"长安士女春时斗花,以奇花多者为胜。皆以千金市名花,植于庭中。正月半,乘车跨马适郊野中,为探春之宴。"则"王士安"误也。

插御花

天宝遗事:"长安春日,盛于游赏,园林日无闲地。苏颋应制诗云:'飞埃结红雾,游盖翻青云①。'帝览诗嘉焉,遂以御花插颈之巾上,时人荣之。"

①游盖翻青云:"翻",开元天宝遗事作"飘"。按,开元天宝遗事卷三:"长安春时,盛于游赏","故学士苏颋应制诗云:'飞埃结红雾,游盖飘青云。'帝览之,嘉赏焉,以御花亲插颈巾上。"

取红花

虞世南史略:"北齐卢士深妻,崔林义之女,有才学。春日,以桃花䩄面①,咒曰:'取红花,取白雪,与儿洗面作光悦。取白雪,取红花,与儿洗面作光华。取雪白,取花红,与儿洗面作颜容②。'"

①䩄面:太平御览引虞世南史略作"䩄儿面"。按,御览卷二〇引虞世南史略:"北齐卢士深妻,崔林义之女,有才学。春日,以桃花䩄儿面,(䩄,荒内切。洗面也。)咒曰:'取红花,取白雪,与儿洗

面作光悦。取白雪,取红花,与儿洗面作光泽。取雪白,取花红,与儿洗面作华容。'"

②与儿洗面作颜容:"颜容",御览卷二〇引虞世南史略作"华容"。见上注。

装狮花

曲江春宴录:"曲江贵家游赏,则剪百花,装成狮子,互相送遗。狮子有小连环,欲送则以蜀锦流苏牵之,唱曰:'春光且莫去,留与醉人看。'"

探花使

秦中岁时记:"进士杏花苑初会,谓之探花宴。以少俊二人为探花使,遍游名园,若他人先折得名花,则二使皆有罚。"

护花铃

天宝遗事:"天宝初,宁王少时好声色[①],风流蕴藉,诸王弗如也。每春日,于后园中,纽红丝为绳,缀金铃,系花梢之上。有乌鹊翔集,则令园吏掣铃索以惊之,号护花铃。"

①宁王少时好声色:"声色",当作"声乐",此误。按,开元天宝遗事卷上:"天宝初,宁王日侍好声乐,风流蕴藉,诸王弗如也。至春时,于后园中,纫红丝为绳,密缀金铃,系于花梢之上。每有禽鸟

翔集,则令园吏掣铃以惊之,盖惜花之故也。诸宫皆效之。"

括花香

唐玉麈录:"穆宗每宫中花香,则以重顶帐蒙蔽槛外,置惜春御史掌之,号曰括春。"

卧花酒

曲江春宴录:"虞松方春,以谓'握月担风,且留后日;吞花卧酒,不可过时'。"

作红馅

曲江春宴录:"春游之家,以脂粉作红馅,竿上成双挑挂,夹杂画带,前引车马。"

系煎饼

拾遗记:"江东俗号正月二十日为天穿日,以红缕系煎饼饵置屋上,谓之补天穿。"李白诗云[1]:"一枚煎饼补天穿。"

[1]李白诗:"李白",当作"李太伯",此盖以唐李白字太白而致误。李太伯即宋人李觏(字泰伯),其"一枚煎饼补天穿"句,见李觏集卷三六正月二十日,俗号天穿日,以煎饼置屋上,谓之补天,感而

为诗,诗曰:"娲皇没后几多年,夏伏冬愆任自然。只有人间闲妇女,一枚煎饼补天穿。"

酿梨春

白氏六帖:"杭州俗,酿酒趁梨花时熟,号梨花春。"

赐柳圈

唐书:"李适为学士,凡天子飨食游豫,惟宰相与学士得从。春幸梨园,并渭水禊除,则赐柳圈辟疠。"

羹锦带

荆湖近事:"荆渚中有花名锦带,其花条生如郁李仁,春末开花,红白如锦。初生,叶柔脆可食。"老杜诗云:"滑忆雕胡饭,香闻锦带羹[①]。"

[①]锦带羹:此以锦带花为羹之食材,实误。按,杜诗详注卷二二江阁卧病走笔寄呈崔卢两侍御:"客子庖厨薄,江楼枕席清。衰年病只瘦,长夏想为情。滑忆雕胡饭,香闻锦带羹。溜匙兼暖腹,谁欲致杯罂。"仇兆鳌注引朱鹤龄曰:"锦带即莼丝,本草作莼,或谓之锦带,生湖南者最美。此诗锦带与秋菰并举,知必为莼也。薛梦符以为锦带花,谬。"

怜草色

长庆集杭州春望诗:"谁开湖寺西南路,草绿裙腰一道斜。"自注云:"孤山在湖洲中,草绿时,望如裙腰。"又东坡诗云:"春入西湖到处花,裙腰芳草抱山斜。"王介甫诗云:"遥怜草色裙腰绿,湖寺西南一径开。"

望杏花

四民月令:"清明节,令蚕妾理蚕室。是月也,杏花盛。"又云:"杏花生,种百谷。"宋子京诗云:"催耕并及杏花时。"蜀主孟昶劝农诏云:"望杏敦耕,瞻蒲劝穑。"王元长策秀才文云:"杏花菖叶,畊获不愆。"

看菖叶

吕氏春秋:"冬至后五旬七日,菖叶生。盖菖者百草之先生也,于是始耕。"又云:"菖始生,于是耕。"储光羲诗云:"菖叶日已长,杏花日已滋。农人要看此,贵不违天时。"

种辰瓜

齐民要术:"三月辰日,最宜种瓜。"山谷诗云:"夏栽醉竹馀千个,春粪辰瓜满百区。"

栽杂木

氾胜书:"栽树,正月为上时,二月为中时,三月为下时。然枣鸡口、槐兔目、桑虾蟆眼、榆负瘤散,其馀杂木,鼠耳、蛇趄①,各其时。凡种栽并插,皆用此等形象。"

①蛇趄:齐民要术作"虺翅",此误。按,此段文字今见于齐民要术,未见他书引作氾胜之书。齐民要术卷四栽树:"凡栽树,正月为上时,(谚曰:"正月可栽大树。"言得时易生也。)二月为中时,三月为下时。然枣——鸡口、槐——兔目、桑——虾蟆眼,榆——负瘤散,自馀杂木,鼠耳、虺翅,各其时。(此等名目,皆是叶生形容之所相似。以比时栽种者,叶皆即生。早栽者,叶晚出。虽然,大率宁早为佳,不可晚也。)"

游蜀江

杜氏壶中赘录:"蜀中风俗,旧以二月二日为踏青节。都人士女,络绎游赏,缇幕歌酒,散在四郊。历政郡守,虑有强暴之虞,乃分遣戍兵于冈阜坡冢之上,立马张旗望之。后乖崖公帅蜀,乃曰:'虑有他虞,不若聚之为乐。'乃于是日,自万里桥,以锦绣器皿,结彩舫十数只,与郡僚属官分乘之,妓乐数船,歌吹前导,名曰游江。于是都人士女,骈于八九里间,纵观如堵。抵宝历寺桥出,宴于寺内。寺前创一蚕市,纵民交易。嬉游乐饮,倍于往岁,薄暮方回。"

售农用

四川记:"同州以二月二日与八日为市①,四方村民毕集,应蚕农所用,以至车檐椽木果树,器用杂物皆至,其值千缗至万缗者。郡守就子城之东北隅,龙兴寺前,立山棚,设幄幕乐,以宴劳将吏,累日而罢。"

①同州:今陕西大荔。据宋史地理志五,今地属四川之成都府路、潼川府路、利州路、夔州路无同州建置,疑"同"字乃"眉"字之误。

鬻蚕器

栾诚文蚕市诗序云①:"蜀人以二月望日,鬻蚕器,谓之蚕市。"东坡先生诗云:"蜀人衣食常苦艰,蜀人行乐不知还。十夫耕农万夫食②,一年辛苦一春闲。闲时尚以蚕为市,共忘辛苦逐欣欢。"又张仲殊词云:"成都好,蚕市趁遨游。夜放笙歌喧紫陌,春邀灯火上红楼。车马溢瀛洲。　人散后,茧馆喜绸缪。柳叶已饶烟黛细,桑条何似玉纤柔。立马看风流。"

①栾诚文蚕市诗序:"栾诚",当作"栾城",此误。按宋史卷三三九苏辙传,苏辙(1039—1112)著有栾城集(今人整理本称苏辙集)。"蚕市诗序",栾城集(苏辙集)卷一有记岁首乡俗寄子瞻二首,其一为踏青,其二即蚕市,但未见有序,惟宋王十朋东坡诗集注卷一四和子由蚕市诗题注引子由诗序云:"眉之二月望日,鬻蚕器

于市,因作乐纵观,谓之蚕市。"

②十夫耕农万夫食:"十夫",苏轼诗集卷四和子由蚕市作"千人"。

验岁草

黄帝问师旷曰:"吾欲若乐善心①,可知否?"对曰:"岁欲甘②,甘草先生,荠是也。岁欲苦,苦草先生,葶苈是也。岁欲雨,雨草先生,藕是也。岁欲旱,旱草先生,蒺藜是也。岁欲流,流草先生,蓬是也。岁欲恶,恶草先生,水藻是也。岁欲病,病草先生,艾是也。"皆以孟春占之。

①吾欲若乐善心:太平御览引师旷占作"吾欲知岁苦乐善恶",此误。按,御览卷一七引师旷占:"黄帝问师旷曰:'吾欲知岁苦乐善恶,可知否?'师旷对曰:'岁欲丰,甘草先生,荠也。岁欲饥,苦草先生,葶苈也。岁欲恶,恶草先生,水藻也。岁欲旱,旱草先生,蒺藜也。岁欲溜,溜草先生,蓬也。岁欲病,病草先生,艾也。'"

②岁欲甘:"甘",北堂书钞卷一五六、艺文类聚卷八一、太平御览卷一七引师旷占作"丰"。

占雨雾

占书:"正月朔雨,春旱,人食一升;二日雨,人食二升;三日雨,人食三升;四日雨,人食四升;五日雨,主大熟。五日内雾,谷伤民饥。元日雾,岁必饥。"

禳鬼鸟

荆楚岁时记:"正月夜多鬼鸟度,家家槌床打户,揆狗耳,灭灯火,以禳之。玄中记云:'此鸟名姑获,一名天帝女,一名隐飞鸟,一名夜游女。好取人女子养之。有小儿之家,即以血点其衣,以为志。故世号鬼鸟。'荆湖弥多,斯言信矣。"

饮雨水

本草:"三月雨水①,夫妻各饮一杯,还房获时有子,神助也。"

①三月雨水:"三月","证类本草作"正月",此误。按,证类本草(大观本草)卷五引唐陈藏器本草拾遗:"正月雨水,夫妻各饮一杯,还房,当获时有子,神效也。"又本草纲目卷五"雨水"条:"立春雨水,主治夫妻各饮一杯还房,当获时有子,神效。(拾遗)"

去妖邪

西京杂记:"贾佩兰云:'在宫中,正月上辰,出池边盥濯,食蓬饵,以祓妖邪。'"

辟官事

历书:"二月上丑日①,取土泥蚕屋,宜蚕。上辰日,取道中土泥门,应辟官事。"

①二月上丑日:天中记卷四引历书作"二月十五日"。

照百鬼

荆楚岁时记:"正月未日夜,芦苣火照井厕①,百鬼皆走。"

①照井厕:太平御览卷一九引荆楚岁时记作"井厕中"。

岁时广记

卷二

夏

礼记乡饮酒曰:"南方曰夏,夏之为言假也,养之长之假之,仁也。"太玄经曰:"夏者,物之修长也。"董仲舒策曰:"阳常居大夏,以生育长养为事。"淮南子曰:"夏为衡。衡者,所以平万物也。"前汉律历志曰:"太阳者,南方。南,任也,阳气任养物,于时为夏。夏,假也,物假大,乃宣平。火炎上。礼者齐,齐者平,故为衡也。"月令曰:"夏三月,其日丙丁,其帝炎帝,其神祝融,其虫羽,其数七,其味苦,其臭焦,其祀灶,祭先肺。"

孟夏月

礼记月令曰:"孟夏之月,日在毕,昏翼中,旦婺女中。律中仲吕。蝼蝈鸣,蚯蚓出。王瓜生,苦菜莠。靡草死,麦秋至。"

三统历曰:"立夏为四月节,小满为四月中气。小满者,言物长于此,小得盈满。"

孝经纬曰:"谷雨后十五日,斗指巽[①],为立夏。后十五日,斗指巳,为小满。"

①斗指巽:太平御览卷二三引孝经纬作"斗指辰东南维"。

周书时训曰:"立夏之日,蝼蝈鸣。后五日,蚯蚓出。后五日,王瓜生。小满之日,苦菜莠。后五日,靡草死。后五日,麦秋至。"

白虎通德论曰:"四月律谓之仲吕何? 言阳气极将彼①,故复中难之也。"晋志云:"吕者,助也,谓阳气盛长,阴助成功也。"

①言阳气极将彼:白虎通义卷四五行论十二律作"言阳气将极中充大也"。按,清陈立白虎通义疏证:"旧本'将极'二字倒,下有'彼'字,无'中充大也'四字,皆卢据史记正义引补正。"

晋乐志云:"四月之辰谓之巳。巳者,起也,物至此时毕尽而起也。"

夏小正曰:"四月,昴则见。"

诗七月曰:"四月秀葽。"注云:"不荣而实曰秀。葽,草也。"

西京杂记曰:"阳德用事,则和气皆阳,建巳之月是也。故阳谓之正阳之月①。"又曰:"四月阳虽用事,而阳不独存。此月纯阳,疑于无阴,故谓之阴月。"

①故阳谓之正阳之月:"故"字下"阳"字衍。按,西京杂记卷五:"元光元年七月,京师雨雹。鲍敞问董仲舒曰:'雹何物也? 何气而生之?'仲舒曰:'阴气胁阳气。天地之气,阴阳相半,和气周回,朝夕不息。阳德用事,则和气皆阳,建巳之月是也,故谓之正阳之月。'"

纂要云：“四月曰首夏、维夏。”

文选注：“郑玄曰：‘四月为除月。’”

月令曰：“孟夏行秋令，则苦雨数来，五谷不滋，四鄙入保。行冬令，则草木蚤落，后乃大水，败其城郭。行春令，则蝗虫为灾，暴风来格，秀草不实。”

仲夏月

月令曰：“仲夏之月，日在东井，昏亢中，旦危中，律中蕤宾。小暑至，螳螂生，鵙始鸣，反舌无声。鹿角解，蝉始鸣，半夏生，木堇荣。”

孝经纬曰：“小满后十五日，斗指丙，为芒种。后十五日，斗指午，为夏至。”

三统历曰：“芒种为五月节，夏至为五月中气。芒种者，言有芒之谷可稼种也。”

周书时训曰：“芒种之日，螳螂生。后五日，鵙始鸣。后五日，反舌无声。夏至之日，鹿角解。后五日，蝉始鸣。后五日，半夏生。”

白虎通德论曰：“五月律谓之蕤宾何？蕤者，下也。宾者，敬也。言阳气上极，阴气始，宾敬之也①。”

①阴气始宾敬之也：按，白虎通义卷四五行论十二律：“五月谓之蕤宾何？蕤者，下也；宾者，敬也。言阳气上极，阴气始起，故宾敬之也。”

晋乐志云:"五月之辰谓为午。午者,长也,大也。言物皆长大也。"

夏小正曰:"五月,参则见,螗蜩鸣,初昏大火中。"注云:"大火,心星名也。"

诗七月曰:"五月鸣蜩。"又曰:"五月斯螽动股。"注云:"蜩,蟑也。斯螽,蜙蝑也。"

吴子夜四时歌曰:"郁蒸仲暑月。"

东坡诗云:"飞龙御月作秋凉。"注云:"谓五月也。"

月令曰:"仲夏行冬令,则雹冻伤谷,道路不通,暴兵来至。行春令,则五谷晚熟,百螣时起,其国乃饥。行秋令,则草木零落,果实早成,民殃于疫。"

季夏月

月令曰:"季夏之月,日在柳,昏火中,旦奎中,律中林钟。温风始至,蟋蟀居壁,鹰乃学习,腐草为萤。土润溽暑,大雨时行。"

孝经纬曰:"夏至后十五日,斗指丁,为小暑。后十五日,斗指未,为大暑。"

三统历曰:"小暑为六月节,大暑为六月中气。小暑、大暑,就极热之中,分为小大,月初为小,月半为大。"

周书时训曰:"小暑之日,温风至。后五日,蟋蟀居壁。后五日,鹰乃学习。大暑之日,腐草为萤。后五日,土润溽暑。后五日,大雨时行。"

白虎通德论曰:"六月律谓之林钟何?林者,众也,万物成熟,种类众多。"

晋乐志云："六月之辰谓之未。未者,味也,谓时万物向成,有滋味也。"

夏小正曰："六月,鹰始挚。"

诗七月曰："六月莎鸡振羽。"又云："六月食郁及薁。"注云："郁,棣属;薁,蘡薁也。"

纂要曰："六月曰徂暑。"

月令曰："季夏行春令,则谷实鲜落,国多风欬,民乃迁徙。行秋令,则丘隰水潦,禾稼不熟,乃多女灾。行冬令,则风寒不时,鹰隼蚤鸷,四鄙入保。"

黄梅雨

风土记："夏至雨,名黄梅雨。沾衣服,皆败黰。"四时纂要云："梅熟而雨,曰梅雨。又闽人以立夏后逢庚日为入梅,芒种后逢壬为出梅。农以得梅雨乃宜耕耨,故谚云:'梅不雨,无米炊。'"琐碎录又云："芒种后逢壬入梅,前半月为梅雨,后半月为时雨,遇雷电谓之断梅。"数说未知孰是。又陈氏手记云："梅雨水,洗疮疥,灭瘢痕。入酱,令易熟。沾衣便腐。浣垢如灰汁,有异他水。江淮以南,地气卑湿,五月上旬连下旬,尤甚。梅雨坏衣,当以梅叶洗之[①],馀并不脱。"杜甫诗云："南京犀浦道,四月熟黄梅。湛湛长江去,冥冥细雨来。"欧阳公诗云："春寒欲尽梅黄雨。"东坡诗云："不趁青梅尝煮酒,要看细雨湿黄梅[②]。"又云："佳节连梅雨。"又云："怕见梅黄雨细时。"王维诗云："梅天一雨清。"

①当以梅叶洗之:"梅叶"下当用"汤"字,此脱。按,证类本草卷五三十五种陈藏器馀(即唐陈藏器本草拾遗):"梅雨水,洗疮疥,灭瘢痕。入酱,令易熟。沾衣便腐。浣垢如灰汁,有异他水。江淮以南,地气卑湿,五月上旬连下旬尤甚","梅沾衣,皆以梅叶汤洗之脱也,馀并不脱。"

②要看细雨湿黄梅:"湿",苏轼诗集作"熟"。按,苏轼诗集卷四五赠岭上梅:"梅花开尽百花开,过尽行人君不来。不趁青梅尝煮酒,要看细雨熟黄梅。"

送梅雨

埤雅:"今江、湘、二浙四五月间,梅欲黄落,则水润土溽,柱础皆汗,蒸郁成雨,谓之梅雨。自江以南,三月雨谓之迎梅,五月雨谓之送梅。"杜甫诗云①:"石枕凉生菌阁虚,已应梅润入图书。"

①杜甫诗:"杜甫",当作"林逋",形近而讹。按,宋林逋撰林和靖集卷二夏日即事:"石枕凉生菌阁虚,已应梅润入图书。不辞齿发多衰病,所喜林泉有隐居。粉竹亚梢垂宿露,翠荷差影聚游鱼。北窗人在羲皇上,时为渊明一起予。"

濯枝雨

风土记:"仲夏雨,濯枝荡川。"注云:"此节常有大雨,名曰濯枝雨。"

留客雨

陆机要览:"昔羽山有神人焉,逍遥于中岳。与左元放共游蓟子训所,坐欲起,子训应欲留之,一日之中,三雨。今呼五月三雨亦为留客雨。"

薇香雨

李贺四月词:"依微香雨青氛氲,腻叶蟠花照曲门。"

暴冻雨

尔雅:"暴雨谓之冻。"郭璞注云:"江东呼夏月暴雨为冻雨。"离骚经云:"令飘风兮先驱,使冻雨兮洒尘。"冻音东。

海飓风

南越志:"熙安间多飓风,飓风者,具四方之风也。常以五月、六月发①,未至时,鸡犬为之不鸣。"国史补云:"南海有飓风,四面而至,倒屋拔木。每数年一至。"郑熊番禺杂记云:"飓风将发,有微风细雨,先缓后急,谓之炼风。又有石尤②,亦此之类。"韩文公诗云:"雷威固已加,飓势仍相借。"又云:"飓风有时作,掀簸真差事。"又云:"峡山逢飓风,雷电助撞碎。"飓音具。

①常以五月六月发："五月、六月"，一作"六月、七月"。太平御览卷九引南越志："熙安间多飓风。飓者，具四方之风也。一曰惧风，言怖惧也。常以六、七月兴，未至时，三日鸡犬为之不鸣。"

②石尤：类说引番禺杂记当作"石尤风"。按，类说卷四引番禺杂记："飓风将发，有微风细雨，先缓后急，谓之炼风。又有石尤风，亦飓之类。"

落梅风①

风俗通："五月有落梅风，江南以为信风②。"李白诗云："天长信风吹，日出宿雾散。"

①落梅风：原作"落梅花"，今据学海本改。

②江南以为信风："江南"，太平御览卷九七〇引风俗通作"江淮"。

黄雀风

风土记："南中六月，则有东南长风至。时海鱼化为黄雀，故俗名黄雀风。"

麦黄水

水衡记："黄河水，四月名麦黄水。"

苆蔓水

水衡记:"黄河水,五月名苆蔓水,苆生蔓也。"东坡诗云:"河水
眇绵苆蔓流。"

矾山水

水衡记:"黄河水,六月名矾山水。"

麦熟秋

月令章句:"百谷各以初生为春,熟为秋,故麦以孟夏为秋。"山
谷诗云:"生物趋功日夜流,园林才夏麦先秋。"赵师民诗云:"麦秋
晨气润,槐夏午阴凉。"

分龙节

图经:"池州俗以五月二十九、三十日为分龙节,雨则多大水。
闽人以夏至后为分龙,雨各有方。"

龙生日

岳阳风土记:"五月十三日,谓之龙生日,栽竹多茂盛。"又前辈
作苍筤传曰:"筤每岁惟五月十三日独醉,或为人迎置它处,不知

也。当时谚曰:'此君经岁常清斋,一日不斋醉如泥。有时倒载过晋地,茫然乘坠俱不知。'"宋子京种竹诗云:"除地墙阴植翠筠,疏枝茂叶与时新[1]。赖逢醉日终无损,正似德全于酒人。"晏元献公诗云:"竹醉人还醉,蚕眠我亦眠。"又云:"苒苒渭滨族,萧萧尘外姿。如能乐封植,何必醉中移。"又东坡诗云:"竹是当年醉日栽。"

[1] 疏枝茂叶与时新:"疏枝茂叶",宋景文集作"纤茎润叶"。按,宋祁(字子京,谥景文)景文集卷二四竹:"除地墙阴植翠筠,纤茎润叶与时新。赖逢醉日终无损,正似得全于酒人。(种树家以五月十三日为醉竹日,移之多盛茂。)"

竹迷日

筍谱:"民间说竹有生日,即五月十三。移竹宜用此日,或阴雨土虚则鞭行。明年,筍箨交至。"一云:"竹迷日栽竹,年年生筍。"刘延世竹迷日种竹诗云:"梅蒸方过有馀润,竹醉由来自古云。掘地聊栽数竿玉,开帘还当一溪云。"然则竹迷亦正此日也。陈简斋种竹诗云:"何须俟迷日,可笑世俗情。"

樱筍厨

唐辇下岁时记:"四月十五日,自堂厨至百司厨,通谓之樱筍厨。"又韩偓樱桃诗注云:"秦中以三月为樱筍时。"陈后山诗云:"春事无多樱筍来。"又古词云:"水竹旧院落,樱筍新蔬果。"

临水宴

因话录:"李少师与宾僚饮宴,暑月临水,以荷为杯,满酌密系,持近人口,以箸刺之,不尽则重饮。宴罢,有人言昨饮大欢者,公曰:'今日言欢,则明日之不欢①。无论好恶,一不得言。'"

①则明日之不欢:因话录作"则明前之不欢"。按,因话录卷二:"靖安李少师虽居贵位,不以威重隔物。与宾僚饮,谭笑曲尽布衣之欢,不记过失。善饮酒,暑月临水,以荷为杯,满酌密系,持近人口,以箸刺之,不尽则重饮。燕散,有人言昨饮大欢者,公曰:'今日言欢,则明前之不欢。无论好恶,一不得言。'"

霹雳酒

醉乡日月:"暑月候大雷霆时,收雨水,淘米炊饭酿酒,名曰霹雳酒①。"

①霹雳酒:类说卷四三引醉乡日月作"霹雳酘"。

寒筵冰

醉乡日月:"盛夏、初夏于井侧安镬,以大水晶一块,大如拳,无瑕衅者,以新汲水炽火煮千沸。取越瓶口小腹大者,满盛其汤,以油帛密封口,勿令泄气。复以重汤煮千沸,急沉井底。平旦出之,破瓶,冰已结矣,名寒筵冰。"又见杜阳杂编。

壬癸席

河东备录:"申王取猪毛刷净,命工织以为席,清而且凉,号曰壬癸席。"

澄水帛

杜阳编:"同昌公主一日大会,暑气将甚,公主令取澄水帛,以水蘸之,挂于高轩,满座皆思挟𫐉。澄水帛长八九尺,似布而细,明薄可鉴。云其中有龙涎,故能消暑。"

冰丝茵

乐府杂录:"唐老子[①],本长安富家子,生计荡尽。遇老妪持旧茵,以半千获之。有波斯人见之,乃曰:'此是冰蚕丝所织,暑月置于座,满室清凉。'即酬万金。"

①唐老子:当作"康老子",此误。按,太平御览卷五六八引乐府杂录:"康老子者,本长安富室家子,酷好声乐,落托不事生计,常与国乐游处。一旦,家产荡尽。因诣西廛,遇一媪持旧锦茵货鬻次,康乃酬半千获得之。寻有波斯见,大惊,谓康老曰:'何处得此至宝?此是冰蚕所织,若暑月陈于榻上,可致一室清凉。'因酬价千万,鬻之。康老获此厚价,复与国乐追欢,不三数年间,费用又尽。康老寻殁,乐嗟叹之,乃撰此曲也。"

消凉珠

拾遗记:"黑蚌珠,千年一生。燕昭王常怀此珠,当盛暑之月,体自清凉,名消暑招凉之珠。"

辟暑犀

提要录:"唐文宗夏月延学士讲易,赐辟暑犀。"章简公端午帖子云:"已持犀辟暑,更斗草迎凉。"

迎凉草

杜阳杂编:"李辅国夏于堂中,设迎凉草,其色类碧,而干似苦竹,叶细如杉,虽若干枯,而未尝雕落。盛暑,束之窗户间,则凉风自至。"

白龙皮

剧谈录:"李德常夏日邀同列及朝士宴[1],时畏景赤曦[2],咸有郁蒸之苦。既延入小斋,列坐开樽,烦暑都尽,飙风凉冽,如涉高秋。及昏而罢,出户则大云烈日,燺然焦灼。有好事者求亲信问之,云:'此日以金盆贮水,渍白龙皮,置于座末。龙皮者,新罗僧得之海中。'"

①李德常夏日邀同列及朝士宴:"李德",太平广记卷四〇五引

剧谈录作"李德裕"。

②时畏景赤曦:"赤曦",今本剧谈录作"赫曦"。按,剧谈录卷下:"朱崖李相国德裕宅,在安邑坊东南隅,桑道茂谓为玉碗。""尝因暇日休浣,邀同列宰相及朝士宴语。时畏景赫曦,咸有郁蒸之病。"

犀如意

杨妃外传:"唐玄宗夏月,授杨妃却暑犀如意。"

洒皮扇

开元遗事:"王元宝,都中巨豪也。家有皮扇,制作甚精①。宝每暑月宴客,即以此扇置于座前,以新水洒之,则飙然风生。酒筵之间,客有寒色,遂命撤去。明皇亦曾差中使取看,爱而不受,曰:'此龙皮扇也。'"

①制作甚精:"精",一作"质"。按,开元天宝遗事卷下:"元宝家有一皮扇子,制作甚质。每暑月宴客,即以此扇子置于坐前,使新水洒之,则飒然生风。巡酒之间,客有寒色,遂命彻去。明皇亦曾差中使取看,爱而不受。帝曰:'此龙皮扇子也。'"

服丸散

抱朴子曰:"或问不热之道,曰:服玄冰丸、飞雪散。王仲都等用此方也。"刘孝威苦暑诗云:"玄冰术难验,赤道漏犹长。"

环炉火

桓子新论:"元帝被病,广求方士。汉中逸人王仲都者,诏问所能为,对曰'但能忍寒暑耳。'因为待诏。至夏大暑日,使暴坐,又环以十炉火,不言热,而身汗不出。"

入寒泉

括地图:"天毒国最大暑热,夏草木皆干死,民善没水以避日。遇暑时,常入寒泉之下。"

激凉风

唐书:"拂林国盛暑之节,乃引水潜流,上通于屋宇①,机制于巧匠,人莫之知。观者唯于屋上闻泉鸣,俄见四檐飞溜,悬波如瀑,激气成凉风。"

①上通于屋宇:"通",旧唐书作"遍"。按,旧唐书西戎拂菻国传:"其俗无瓦,捣白石为末,罗之涂屋上,其坚密光润,还如玉石。至于盛暑之节,人厌嚣热,乃引水潜流,上遍于屋宇,机制巧密,人莫之知。观者惟闻屋上泉鸣,俄见四檐飞溜,悬波如瀑,激气成凉风,其巧妙如此。"

没水底

抱朴子:"葛洪从祖仙公,每大醉及夏天盛热,辄入水底,八日乃出①,正以能闭气胎息耳。"

①八日乃出:"八日",今本抱朴子作"一日许"。抱朴子内篇释滞:"余从祖仙公,每大醉及夏天盛热,辄入深渊之底。一日许乃出者,正以能闭气胎息故也。"

开七井

云林异景志:"霍仙鸣别墅在龙门,一室之中,开七井,皆以雕镂盘覆之。夏月坐其上,七井生凉,不知暑气。"

乘小驷

开元杂记①:"玄宗幸洛,至绣岭宫。时属炎暑,上曰:'姚崇多计。'令力士探之。回奏曰:'崇方衫絺乘小驷,按辔木阴②。'上乃命驷,顿忘繁溽。"

①开元杂记:类说卷一六引此,谓出明皇杂录。
②按辔木阴:明皇杂录作"按辔于木阴下"。按,资治通鉴卷二一一玄宗开元五年考异引明皇杂录:"上幸东都,至绣岭宫。当时炎酷,上以行宫狭隘,谓左右曰:'此有佛寺乎?吾将避暑于广厦。'或云:'六军填委于其中,不可速行。'上谓高力士曰:'姚崇多计,第

往觇之。'力士回奏云:'姚崇方紾绉乘小驷,按辔于木阴下。'上悦,曰:'吾得之矣。'遽命小驷,而顿消暑溽,乃叹曰:'小事尚如此,触类而长之,天下固受其惠矣。'"

卧北窗

晋书:"陶潜字渊明,谥靖节先生。尝言夏月虚闲,高卧北窗之下,清风飙至①,自谓羲皇上人。"东坡诗云:"一枕清风值万钱,无人肯买北窗眠。"又云:"只应陶靖节,会买北窗眠②。"又云:"北窗仙人卧羲轩③。"又云:"北窗高卧等羲炎。"

①清风飙至:"飙",晋书作"飒",此误。按,晋书本传:"未尝有喜愠之色,惟遇酒则饮,时或无酒,亦雅咏不辍。尝言夏月虚闲,高卧北窗之下,清风飒至,自谓羲皇上人。"

②会买北窗眠:一作"会听北窗凉"。按,苏诗补注卷五次韵子由绿筠堂:"爱竹能延客,求诗剩挂墙。风梢千纛乱,月影万夫长。谷鸟惊棋响,山蜂识酒香。只应陶靖节,会听北窗凉。"

③北窗仙人卧羲轩:"仙人",一作"幽人"。按,苏轼诗集卷三九和子由次月中梳头韵:"夏畦流膏白雨翻,北窗幽人卧羲轩。风轮晓长春笋节,露珠夜上秋禾根。从来白发有公道,始信丹经非妄言。此身法报本无二,他年妙绝兼形魂。"

书新裙

南史:"羊欣字敬元,长于隶书。父不疑为乌程令,欣时十五①。

王献之为吴兴守,甚知爱之。尝夏月入县,欣着新练裙昼寝,献之书裙数幅而去。欣本攻书,因此弥善。"东坡诗云:"载酒无人歌子云,掩门昼卧客书裙。"翟公逊睡乡赋云②:"客书裙而满幅。"

①欣时十五:"十五",一作"十二"。按,南史羊欣传:"欣少靖默,无竞于人,美言笑,善容止。泛览经籍,尤长隶书。父不疑为乌程令,欣年十二。时王献之为吴兴太守,甚爱知之。欣尝夏月着新绢裙昼寝,献之入县见之,书裙数幅而去。欣书本工,因此弥善。"

②翟公逊睡乡赋云:"翟公逊",宋史卷三七二翟汝文传作"翟公巽",此误。翟汝文字公巽,润州丹阳(今属江苏)人。官至参知政事。著有忠惠集。按,忠惠集卷五睡乡赋云:"客书裙而满幅,稚偷饮共方醉。"

作夏课

南部新书:"长安举子落第者,六月后不出,谓之过夏。多借清净庙院作文章,曰夏课。时语曰:'槐花黄,举子忙。'"又见秦中记。遁斋闲览云:"谓槐之方花,乃进士赴举之日也。"唐翁承赞诗云:"雨中装点望中黄,勾引蝉声送夕阳。忆得当年随计吏,马蹄终日为君忙。"又稼轩词云:"明年此日青云路,却笑人间举子忙。"

逐树阴

北齐书:"仆射魏收,字伯起,初习武不成,改节读书。夏日,坐板床,随逐树阴。讽读累年,床为之锐①,遂工辞令也。"

①床为之锐："锐"，北齐书作"锐减"。按，北齐书魏收传："收年十五，颇已属文。及随父赴边，好习骑射，欲以武艺自达。荥阳郑伯调之曰：'魏郎弄戟多少？'收惭，遂折节读书。夏月，坐板床，随树阴，讽诵积年，板床为之锐减，而精力不辍。"

练萤囊

晋阳秋："车胤字武子，家贫，读书不常得油。夏月，则以练囊盛数十萤，以夜继日。"

颁冰雪

止戈集："长安冰雪，至夏月，则价等金璧。每颁冰雪，论筐，不复偿价，日日如是。"

赐朱樱

唐史："李适为学士，见天子飨会游豫①，唯宰相及学士得从。夏宴蒲萄园，赐朱樱。"

①见天子飨会游豫："见"，新唐书作"凡"，此误。按，新唐书文艺中李适传："凡天子飨会游豫，唯宰相及学士得从。春幸梨园，并渭水被除，则赐细柳圈辟疠；夏宴蒲萄园，赐朱樱。"

献雪瓜

唐列传:"明崇俨,以奇技自名。高宗召见,甚悦。盛夏^①,帝思瓜,崇俨坐顷取以进,自云往阴山取之。四月,帝忆瓜,崇俨索百钱,须臾以瓜献,曰:'得之缑氏老人圃中。'帝召老人问故,曰:'埋一瓜失之,土中得百钱。'"

①盛夏:新唐书作"四月"。按,新唐书明崇俨传:"少随父恪令安喜,吏有能召鬼神者,尽传其术。乾封初,应岳牧举,调黄安丞,以奇技自名。高宗召见,甚悦,擢翼王府文学。试为窟室,使宫人奏乐其中,召崇俨问:'何祥邪?为我止之。'崇俨书桃木为二符,割室上,乐即止,曰:'向见怪龙,怖而止。'盛夏,帝思雪,崇俨坐顷取以进,自云往阴山取之。四月,帝忆瓜,崇俨索百钱,须臾以瓜献,曰:'得之缑氏老人圃中。'帝召老人问故,曰:'埋一瓜失之,土中得百钱。'"

沉瓜李

魏文帝与吴质书:"浮甘瓜于清泉,沉朱李于寒水。"杜诗云:"翠瓜碧李沉玉甃。"注云:"玉甃,井也。"

赋杞菊

提要录:"陆龟蒙自号天随子,常食杞菊。及夏月,枝叶老硬,气味苦涩,犹食不已。因作杞菊赋以自广云:'尔杞未棘,尔菊未莎,其如余何!'"东坡诗云:"饥寒天随子,杞菊自撷芼。"

调寝锞

摄生月令:"四月为乾,万物以成,天地化生。勿冒极热,勿大汗后当风,勿暴露星宿,以成恶疾。勿食大蒜,勿食生蕹,勿食鸡肉、蛇蟮。是月肝脏以病,神气不行,火气渐临,水力渐衰,稍补肾助肝①,调和胃气②,无失其时。"

①稍补肾助肝:"肝",一作"肺"。按,太平御览卷二二引摄生月令:"四月为乾。(生气卯,死气酉。)是月也,万物以成,天地化生。勿冒极热,勿大汗后当风,勿暴露星宿,皆成恶病。勿食大蒜,勿食生蕹,勿食鸡肉,勿食蛇鳝。是月肝脏以病,神气不行,火气渐临,水力渐衰,稍补肾助肺,调和元气,无失其时。是月八日不远行,宜安心静念,沐浴斋戒,必得福庆。"

②调和胃气:"胃气",一作"元气"。见上注。

埋蚕沙

河图:"四月收蚕沙,于宅内亥地埋之,令人大富得蚕①。又甲子日,以一硕三斗镇宅,令家财千万。"

①大富得蚕:龙鱼河图句后有"丝"字。按,齐民要术卷五引龙鱼河图:"埋蚕沙于宅亥地,大富得蚕丝,吉利。以一斛二斗甲子日镇宅,大吉,致财千万。"

求蛇医 蛇医即蜥蜴也

酉阳杂俎:"王彦威镇汴地之二年,夏旱,季玘过汴,因以旱为言。季醉,曰:'欲雨,甚易! 可求蛇医四头,石瓮二枚^①,每瓮实水,浮二蛇医。以木为盖,密泥之,置于闲处,瓮前后设席烧香。选小儿十岁以下十馀人,令执小青竹,昼夜更击其瓮,不得少辍。'王如其言试之,一日两夜,雨大注数百里。旧说龙与蛇医为亲家焉。"又张师正倦游录云:"熙宁中,京师久旱。按古法令坊巷以瓮贮水,插柳枝,泛蜥蜴,小儿呼曰:'蜥蜴蜥蜴,兴云吐雾。降雨滂沱,放汝归去。'"翰府名谈云:"宋内翰祁镇郑州,夏旱,公文祭蜥蜴于祈所,即时大雨告足,民乃有秋。"东坡诗云:"瓮中蜥蜴为可笑^②。"

①石瓮二枚:酉阳杂俎句前有"十"字。按,酉阳杂俎前集卷一一:"王彦威尚书在汴州,二年,夏旱。时袁王傅季玘过汴,因宴,王以旱为言,季醉曰:'欲雨,甚易耳。可求蛇医四头,十石瓮二枚。每瓮实以水,浮二蛇医,以木盖,密泥之,分置于闲处。瓮前后设席烧香,选小儿十岁以下十馀,令执小青竹,昼夜更击其瓮,不得少辍。'王如言试之,一日两夜,雨大注。旧说,龙与蛇师为亲家焉。"

②瓮中蜥蜴为可笑:"为",一作"尤"。按,苏轼诗集卷二一次韵孔毅父久旱已而甚雨三首(其一):"青天荡荡呼不闻,况欲稽首号泥佛。瓮中蜥蜴尤可笑,跂跂脉脉何等秩。"

占蝗旱

四时纂要:"四时辰雨,皆为蝗虫,大雨大虫,小雨小虫。二日雨,百草旱,五谷不成。三日雨,小旱,风从西来,麻吉。四日雨,五谷贵。五日、六日雨,有旱处。四日至七日风者,大豆吉。八日微雨,熟。俗云:'八日雨斑阑,高低田可怜。'此月自一日至十四日恶风者,皆不可种豆。"

岁时广记

卷三

秋

礼记乡饮酒曰:"西方曰秋。秋之为言愁也。愁之以时察,守义者也。"太玄经曰:"秋者,物皆成象而聚也。"管子曰:"秋者,阴气始下,故万物收。"说文曰:"秋,禾谷熟也。"淮南子曰:"秋为矩。矩者,所以方万物也。"前汉律历志曰:"少阴者,西方。西,迁也,阴气迁落物也,于时为秋。秋,𪗙也,物𪗙敛乃成熟。金从革,改更也。义者成,成者方,故为矩。"月令曰:"秋三月,其日庚辛,其帝少皞,其神蓐收,其虫毛,其音商,其数九,其味辛,其臭膻,其祀门,祭先肝。"𪗙,子由反。

孟秋月

礼记月令曰:"孟秋之月,日在翼,昏建星中,旦毕中。律中夷则。凉风至,白露降。寒蝉鸣,鹰乃祭鸟。天地始肃,农乃登谷。"

孝经纬曰:"大暑后十五日,斗指坤①,为立秋。后十五日,斗指申,为处暑。"

①斗指坤：古微书卷二七孝经援神契作"斗指西南"。

三统历曰："立秋为七月节，处暑为七月中气。处暑者，谓暑将遏伏而潜处也。"

周书时训曰："立秋之日，凉风至。后五日，白露降。后五日，寒蜩鸣。凉风不至，国无严政。白露不降，民多欬病。寒蜩不鸣，人臣力争。处暑之日，鹰乃祭鸟。后五日，天地始肃。后五日，农乃登谷。"

白虎通德论曰："七月律谓之夷则何？夷，伤；则，法也。言万物始伤被刑法也。"欧阳公秋声赋云："其为乐也，商声主西方之音，夷则为七月之律。商，伤也，物既老而悲伤；夷，戮也，物既盛而当杀。"

晋乐志曰："七月之辰谓之申，申者，身也。言时万物身体皆成就也。"

夏小正曰："七月，貍子肇肆。肇，始也；肆，遂也。言其始遂也。"

诗七月曰："七月流火。"又曰："七月鸣鵙。"又曰："七月烹葵及菽。"又曰："七月食瓜。"注云："流，下也。火，大火也。"李白诗云："火落金风高。"谢灵运诗云："火逝首秋节。"七命云："龙火西颓。"

提要录曰："七月为兰月。"

纂要曰："七月为首秋、上秋、兰秋、肇秋。"

月令曰："孟秋行冬令，则阴气大胜，介虫败谷，戎兵乃来。行春令，则其国乃旱，阳气复还，五谷无实。行夏令，则国多火灾，寒热不节，民多疟疾。"

仲秋月

月令曰："仲秋之月，日在<u>角</u>，昏<u>牵牛</u>中，旦<u>觜觿</u>中。律中南吕，盲风至，鸿雁来，玄鸟归，群鸟养羞。日夜分，雷乃收声。蛰虫坏户。杀气浸盛，阳气日衰，水始涸。"

孝经纬曰："处暑后十五日，<u>斗</u>指庚，为白露。后十五日，<u>斗</u>指酉，为秋分。"

三统历曰："白露为八月节，秋分为八月中气。白露者，阴气渐重，露浓色白。"

周书时训曰："白露之日，鸿雁来。后五日，玄鸟归。后五日，群鸟养羞。鸿雁不来，远人背叛。玄鸟不归，室家离散。群鸟不羞，臣下骄慢。秋分之日，雷乃始收。后五日，蛰虫坏户。后五日，水始涸。雷不始收声，诸侯淫泆。蛰虫不坏户，民靡有赖。水不始涸，介虫为害。"

白虎通德论曰："八月律谓之南吕何？南者，任也。言阳气尚有，任生荠麦也，故阴拒之也。"

晋乐志曰："八月之辰谓之酉，酉者，緧也，谓时物皆緧缩也。"

夏小正曰："八月，辰则伏。丹鸟羞白鸟。白鸟，蚊蚋也。"<u>崔豹</u>古今注云："萤火，一名丹鸟，腐草化之。羞，进也。谓食蚊蚋也。"

诗七月曰："八月萑苇。"又曰："八月载绩。"又曰："八月其获。"又曰："八月剥枣。"又曰："八月断壶。"注云："蒹为萑，葭为苇。载绩者，丝事毕而麻事起。其获者，禾可获也。剥，击也。壶，瓠也。"

提要录曰："八月为桂月。"

纂要录曰[①]:"八月曰仲商。"

月令曰:"仲秋行春令,则秋雨不降,草木生荣,国乃有恐。行夏令,则其国乃旱,蛰虫不藏,五谷复生。行冬令,则风灾数起,收雷先行,草木蚤死。"

①纂要录曰:按此即梁元帝纂要,"录"字盖涉"提要录"而衍。

季秋月

月令:"季秋之月,日在房,昏虚中,旦柳中。律中无射。鸿雁来宾,雀入大水为蛤。菊有黄华,豺乃祭兽戮禽。草木黄落,蛰虫咸俯在内,皆墐其户。"

孝经纬曰:"秋分后十五日,斗指辛,为寒露。后十五日,斗指戌,为霜降。"

三统历曰:"寒露为九月节,霜降为九月中气。寒露者,言露气寒,将欲凝结。"

周书时训曰:"寒露之日,鸿雁来宾。后五日,雀入大水为蛤。后五日,菊有黄华。霜降之日,豺祭兽。后五日,草木黄落。后五日,蛰虫咸俯。"

白虎通德论曰:"九月谓之无射何?射者,终也。言万物随阳而终也。"

晋乐志曰:"九月之辰谓之戌。戌者,灭也,谓时物皆衰灭也。"

夏小正曰:"九月,内火。"注云:"大火,心星也。"

诗七月曰:"九月授衣。"又曰:"九月叔苴。"又曰:"九月涤场圃。"又曰:"九月肃霜。"注云:"叔,拾也。苴,麻子也。肃,缩也,霜降而收缩万物也。"

国语曰："至于玄月。"注云："九月为玄月。"范蠡曰："王姑待。至于玄月。"汉韩明府修孔子庙器表碑曰："永寿二年，霜月之灵。"说者疑是九月[①]。

①说者疑是九月："九月"，集古录作"九月五日"。按，欧阳修全集卷一三五集古录跋尾卷二后汉修孔子庙器碑（永寿二年）："右汉韩明府修孔子庙器碑云：'永寿二年，青龙在涒滩，霜月之灵，皇极之日。'永寿，桓帝年号也。按尔雅云：'岁在申曰涒滩。'桓帝永兴三年正月戊申大赦，改元永寿，明年丙申，曰'岁在涒滩'是矣。云'霜月之灵，皇极之日'，莫晓其义，疑是九月五日。前汉文章之盛，庶几三代之纯深，自建武以来，顿尔衰薄。崔、蔡之徒，擅名当世，然其笔力辞气，非出自然，与夫扬、马之言，醇醨异味矣。及其末也，不胜其弊，'霜月'、'皇极'，是何等语？韩明府者，名敕，字叔节，前世见于史传未有名敕者，岂自余学之不博乎？春秋左氏传载古人命名之说，不以为名者颇多，故以敕为名者少也。治平元年二月晦日书。"

提要录曰："九月为菊月。"

纂要曰："九月曰暮秋、末秋、季商、杪秋，亦曰霜辰，亦曰授衣。"

月令曰："季秋行夏令，则其国大水，冬藏殃败，民多鼽嚏。行冬令，则国多盗贼，边境不宁，土地分裂。行春令，则暖风来至，民气懈惰，师兴不居。"

仙掌露

前汉班固传[①]:"武帝建章宫露盘上,有仙人掌承露,和玉屑饮之。金茎,铜柱也。"神农本草云:"繁露水,是秋露繁浓时也,作盘以收之,煎令稠,可食之延年不饥","汉武帝时,东方朔得玄黄青露,各盛五合,帝赐群臣,老者皆少,病者皆除。东方朔曰:'日初出处,露皆如糖可食。'"后武帝立金茎,作仙人掌、承露盘,取云表之露服食之,以求仙。文选孟坚西都赋云:"抗仙掌以承露,擢双立之金茎。"张平子西京赋云:"承云表之清露。"

①前汉班固传:"前汉",当作"后汉",此误。按,班固(32—92)为东汉人,其传附见后汉书卷四〇班彪传。

青女霜

淮南子:"秋三月,气不藏,百虫蛰,青女乃出,以降霜雪。"注云:"青女乃天神青腰玉女,主霜雪也。"杜甫诗云:"飞霜任青女,赐被隔南宫。"山谷诗云:"姮娥携青女,一笑粲万瓦。"李商隐诗云:"青女素娥俱耐冷,月中霜里斗婵娟。"吕夷简诗云:"花愁青女再飞霜。"

蓼花风

月令章句:"仲秋,白露节,盲风至。"郑玄云:"疾风也。秦人谓之蓼花风。"梁文帝初秋诗云[①]:"盲风度函谷,坠露下芳枝。"

①梁文帝初秋诗云："梁文帝"，艺文类聚卷三作"梁简文帝"，此误。"初秋"，艺文类聚卷三引作"秋夜"。按，艺文类聚卷三引梁简文帝秋夜诗："高秋度函谷，坠露下芳枝。绿潭倒云气，青山衔月规。花心风上转，叶影树中危。外游独千里，夕叹谁共知。"

裂叶风

洞冥记："裂叶风，乃八月节也①。"

①八月节：洞冥记作"八月风"。按，海录碎事卷一引洞冥记："裂叶风，八月风也。"又梁元帝金楼子卷五："大月氏国善为蒲萄花叶酒，或以根及汁酝之，其花似杏，而绿蕊碧须，九春之时，万顷竞发，如鸾凤翼。八月中，风至，吹叶上，伤裂有似绫纨。故呼为蒲萄风，亦名裂叶风也。"

离合风

陆机要览："列子御风而行，常以立春归于八荒，立秋日游于风穴。风至则草木皆生，去则草木摇落，谓之离合风。"

鲤鱼风

提要录："鲤鱼风，乃九月风也。"李贺诗云："楼前流水江陵道，鲤鱼风起芙蓉老。"又古词云："瑞霞成绮。映舴艋棹轻，鲤鱼狂风起。"

黄雀雨

提要录:"九月雨,为黄雀雨。"罗鄂州词云:"九月江南秋色,黄雀雨,鲤鱼风。"

荳花雨

荆楚岁时记:"荳花雨,乃八月雨也。"

荻苗水

水衡记:"黄河水,七、八月名荻苗水,荻花正开也。"

登高水

水衡记:"黄河水九月名登高水。"

一叶落

淮南子:"一叶落而天下知秋。"韩文公诗云:"淮南悲叶落,今我亦伤秋。"唐人诗云:"山僧不解数甲子,一叶落知天下秋。"韦苏州诗云:"新秋一叶落。"

草木衰

文选宋玉九辨:"悲哉秋之气也! 皇天平分四时兮,窃独悲此凛秋。萧瑟兮草木摇落而变衰,泬寥兮天高而气清。寂寥兮收潦而水清,憭慄兮若在远行。"李白诗云:"深秋宋玉悲[1]。"老杜诗云:"摇落深知宋玉悲。"又云:"清秋宋玉悲。"陈简斋诗云:"宋玉有文悲落叶。"

[1]深秋宋玉悲:"深秋",一作"秋深"。按,李太白全集卷一一赠易秀才:"少年解长剑,投赠即分离。何不断犀象,精光暗往时。蹉跎君自惜,窜逐我因谁。地远虞翻老,秋深宋玉悲。空摧芳桂色,不屈古松姿。感激平生意,劳歌寄此辞。"

警鹤鸣

风土记:"鸣鹤戒露,白鹤也。此鸟性警,至八月白露降,即鸣而相警。"东坡诗云:"由来警露雀。"

石雁飞

南康记:"平固县覆笥山上有湖,中有石雁,浮于湖上。每至秋,飞鸣,如候时也。"

鳜鱼肥

海录碎事:"楝木华而石首至,秋风起而鳜鱼肥。"

蟋蟀吟

天宝遗事："每秋时,宫中妃妾,以小金笼闭蟋蟀,置枕函畔,夜听其声。时民间争效之。"

亲灯火

昌黎文韩退之送子阿符读书城南诗云："时秋积雨霁,新凉入郊墟。灯火稍可亲,简编可卷舒。"

围棋局

西京杂记："戚夫人侍儿贾佩兰言:'宫中八月四日,出雕房北户,竹下围棋。胜者终年有福,负者终年多病。取丝缕,就北辰星下求长命乃免。'"

秋菊酒

唐书："李适为学士,凡天子飨会游豫,唯宰相及学士得从,秋登慈恩浮图,献菊花酒称寿。"

思莼鲈

晋文苑传："张翰字季鹰,吴郡人。为齐王囧东曹掾。见秋风起,思吴中菰米、莼羹、鲈鱼脍,叹云:'人生贵得适志,何能羁宦数百里外以要名爵乎?'乃叹云:'秋风起兮木叶飞,吴江水清鲈鱼肥。'遂命驾而归。后齐王败,人皆谓之见机。"又海物异名记云:"江南人作鲙,名郎官鲙,言因张翰得名。"东坡诗云:"浮世功名食与眠,季鹰直得水中仙①。不须更说知机早,直为鲈鱼也自贤。"又送人归吴有词云:"更有鲈鱼堪切鲙。"山谷诗云:"东归止为鲈鱼鲙,未敢知言许季鹰。"王荆公诗云:"慷慨秋风起,悲歌不为鲈。"

①季鹰直得水中仙:"直",疑当作"真"。按,苏轼诗集卷一一戏书吴江三贤像(其二):"浮世功劳食与眠,季鹰真得水中仙。不须更说知机早,直为鲈鱼已自贤。(张翰)"

收兔毫

墨薮:"笔取崇山绝仞中兔毛,八九月收之。笔头长一寸,管长五寸,锋齐腰强者。挥襟作之,屈曲真草,皆须尽一身之力而送之。"

验美玉

地镜经:"八月中,草木独有叶枝下垂者,必有美玉。"又云:"八月后,草木死者,亦有玉。"

点艾枝①

文昌杂录:"唐岁时节物,八月一日有点艾枝。"卢公范馈饷仪云:"点炙枝,以梨枝为之。反银盏中,有硃砂银枝子也。"

①点艾枝:"艾",文昌杂录作"炙",此误。按,文昌杂录卷三:"唐岁时节物,元日则有屠苏酒、五辛盘、胶牙饧","八月一日则有点炙枝子。"

厌儿疾

荆楚岁时记:"八月十日,泗民以朱点小儿头①,名为天炙,以厌疾也。"

①泗民以朱点小儿头:"泗民",荆楚岁时记作"四民",此误。按,太平御览卷二四引荆楚岁时记:"八月十日,四民并以朱点小儿头,名为天炙,以厌疾也。"

取柏露

续齐谐记:"邓绍八月朝入华山,见一童子,以五彩囊承取柏叶上露,皆如珠子,且云赤松先生取以明目。今人八月朝作眼明袋是也。"又荆楚岁时记云:"四民并以锦彩为眼明囊,云赤松子以八月囊盛柏树露,为宜眼。后世以金箔为之,递相饷遗。"

结丝囊

隋唐嘉话:"八月五日,明皇生辰,号千秋节。王公戚里进金镜,士庶结承露丝囊相遗。"述征记云:"八月作五明囊,盛百草露以洗眼。"

登南楼

晋史庾亮传:"亮镇武昌,诸佐史殷浩之徒,秋夜乘月,共登南楼。俄而亮至,诸人将起避之。亮徐曰:'诸君小住,老子于此兴复不浅。'便据胡床,与浩等谈咏竟夕。其坦率如此。"陶侃曰:"亮非惟风流,更有为政之实也。"老杜诗云:"月静庾公楼。"

怀故里

提要录:"王粲观秋月,怀弟妹故里而伤神。"老杜诗云:"晓莺工迸泪,秋月解伤神。"注云:"春莺、秋月,人所赏玩,而莺所工者,在于迸人之泪,月所解者,在于伤神之人。盖乱离疾病之所感也。"

悲游子

梁史:"江淹过灞陵,秋深叶脱,乃叹曰:'何限风物寥落,只悲游子故园之思。'"老杜诗云:"风物悲游子,江山忆故人[1]。"

[1]江山忆故人:一作"登临忆侍郎"。按,杜诗详注卷九和裴迪登新津寺寄王侍郎:"何恨倚山木,吟诗秋叶黄。蝉声集古寺,鸟影度寒塘。风物悲游子,登临忆侍郎。老夫贪佛日,随意宿僧房。"

叹谪仙

文粹李白秋兴歌:"我觉秋兴逸,谁云秋兴悲?"贺知章见之曰:"是子谪仙人也!"

赏白莲

天宝遗事:"明皇八月,太液池有千叶白莲,数枝盛开,帝与贵戚宴赏,左右皆叹羡。久之,帝指贵妃示左右:'争如我解语花。'"古词云:"翠盖盈盈红粉面,叶底荷花解语。"

水晶宫

渔隐丛话:"吴兴谓之水晶宫,而不载之图经,惟吴兴集有之。刺史杨汉公九月十五日夜绝句云:'江南地暖少严风,九月炎凉正得中。溪上玉楼楼上月,清光合在水晶宫。'疑因此而得名也。"

岁时广记

卷四

冬

礼记乡饮酒曰："北方曰冬。冬之为言中也，中者藏也。"管子曰："冬者，阴之毕下，伏万物。"尸子曰："冬为信。"淮南子云："冬为权，权者所以权万物也。权正而不失，万物乃藏。"前汉律历志曰："大阴者，北方。北，伏也，阳气伏于下，于时为冬。冬，终也，物终藏，乃可称。水润下，智者谋，谋者重，故为权也。"又月令曰："冬三月，其日壬癸，其帝颛顼，其神玄冥，其虫介，其音羽，其数六，其味咸，其臭朽，其祀行，祭先肾。"

孟冬月

礼记月令曰："孟冬之月，日在尾，昏危中，旦七星中，律中应钟。水始冰，地始冻。雉入大水为蜃，虹藏不见。天气上腾，地气下降，天地不通，闭塞而成冬。"

孝经纬曰："霜降后十五日，斗指乾[①]，为立冬。后十五日，斗指亥，为小雪。"

①斗指乾："乾",孝经援神契作"西北维"。按,古微书卷二七孝经援神契："秋分后十五日,斗指辛为寒露;后十五日,斗指戌为霜降;后十五日,斗指西北维为立冬;后十五日,斗指亥为小雪;后十五日,斗指壬为大雪;后十五日,斗指子为冬至。"

三统历曰："立冬为十月节,小雪为十月中气。小雪、大雪者,以霜雨凝结而雪,十月犹小,十一月转大。"

周书时训曰："立冬之日,水始冰。后五日,地始冻。后五日,雉入大水为蜃。小雪之日,虹藏不见。后五日,天气上腾,地气下降。后五日,闭塞而成冬。"

白虎通德论曰："十月律谓之应钟何? 钟,动也。言万物应阳而动下藏也。"

晋乐志云："十月之辰谓之亥。亥者,劾也①,言时阴气劾杀万物也。"

①劾:史记作"该"。按,史记律书："十月也,律中应钟。应钟者,阳气之应,不用事也。其于十二子为亥。亥者,该也。言阳气藏于下,故该也。"

夏小正曰："十月,黑鸟浴。黑鸟,乌也。浴也者,谓飞乍上乍下也。"

诗七月曰："十月陨箨。"又曰:"十月蟋蟀,入我床下。"又曰:"十月获稻。"又曰:"十月纳禾稼。"又曰:"十月涤场。"

左传庄公十六年:"公父定叔,使以十月入,曰:'良月也,就盈数焉。'"

西京杂记曰:"阴德用事,则和气皆阴,建亥之月是也。故谓之正阴之月。"又曰:"十月,阴虽用事,而阴不孤立。此月纯阴,疑于无阳,故亦谓之阳月。"欧阳公词曰:"十月小春梅蕊绽。"

纂要曰:"十月曰上冬。"

月令曰:"孟冬行春令,则冻闭不密,地气上泄,民多流亡。行夏令,则国多暴风,方冬不寒,蛰虫复出。行秋令,则霜雪不时,小兵时起,土地侵削。"

仲冬月

月令曰:"仲冬之月,日在斗,昏东壁中,旦轸中","律中黄钟","冰益壮,地始坼,鹖旦不鸣,虎始交","芸始生,荔挺出,蚯蚓结,麋角解,水泉动。"

孝经纬曰:"小雪后十五日,斗指壬,为大雪;后十五日,斗指子,为冬至。"

三统历曰:"大雪为十一月节,冬至为十一月中气。"

周书时训曰:"大雪之日,鹖旦不鸣。后五日,虎始交。后五日,荔挺出","冬至之日,蚯蚓结。后五日,麋角解。后五日,水泉动。"

白虎通德论曰:"十一月律谓之黄钟何? 黄,中和之色。钟者,动也。言阳气动于黄泉之下,动养万物也。"

晋乐志曰:"十一月之辰谓之子。子者,孳也,言阳气至此更孳生也。"

夏小正曰:"十一月,王狩,言王狩之时也。冬猎为狩。"

吕氏春秋曰:"仲冬,命之曰畅月。"注:"畅,充也。"

月令曰:"仲冬行夏令,则其国乃旱,氛雾冥冥,雷乃发声。行秋令,则天时雨汁,瓜瓠不成,国有大兵。行春令,则蝗虫为败,水泉咸竭,民多疥疠。"

季冬月

月令曰:"季冬之月,日在婺女,昏娄中,旦氐中,律中大吕。雁北乡,鹊始巢,雉雊鸡乳,征鸟厉疾。冰方盛,水泽腹坚。日穷于次,月穷于纪,星回于天,数将几终,岁且更始。"

孝经纬曰:"冬至后十五日,斗指癸,为小寒。后十五日,斗指丑,为大寒。"

三统历曰:"小寒为十二月节,大寒为十二月中气。"小寒、大寒者,十二月极寒之时,相对为大小,月初为小寒,月半为大寒也。

周书时训曰:"小寒之日,雁北乡。又后五日,鹊始巢。又五日,雉始雊。雁不北乡,民不怀主。鹊不始巢,一国不宁。雉不始雊,国乃大水。大寒之日,鸡始乳。又五日,鸷鸟厉疾。又五日,水泽腹坚。鸡不始乳,淫女乱男。鸷鸟不厉,国不除兵。水泽不腹坚,言乃不从。"

白虎通德论曰:"十二月律谓之大吕何? 大,大也。吕者,拒也。言阳气欲出,阴不许也。吕之为言拒者,旅抑拒难之也。"

晋乐志曰:"十二月之辰谓之丑。丑者,纽也,言终始之际,故以纽结为名也。"

夏小正曰:"十二月,玄驹贲。玄驹,蚁也。贲者,走于地中也。"

纂要曰："十二月曰暮冬,亦曰杪冬、涂月[1]、暮节、暮岁、穷稔、穷纪。"

[1]涂月:初学记作"除月",此误。按,初学记卷三引梁元帝纂要:"十二月季冬,亦曰暮冬、杪冬、除月、暮节、穷稔、穷纪。"

月令曰："季冬行秋令,则白露蚤降,介虫为妖,四鄙入保。行春令,则胎夭多伤,国多固疾,命之曰逆。行夏令,则水潦败国,时雪不降,冰冻消释。"

一色云

韩诗外传:"凡草木花多五出,雪花独六出。雪花曰霙。雪云曰同云。"同谓云阴与天同为一色也,故诗云:"上天同云,雨雪雰雰。"

一丈冻

郭义恭广记[1]:"北方地寒,冰厚三尺,地冻一丈。"

[1]郭义恭广记:"广记",隋志作"广志",此误。按,隋书经籍志三:"广志二卷,郭义恭撰。"

千里雪

楚词:"层冰峨峨,飞雪千里。"王逸注云:"北极常寒也。"东坡诗云:"峨眉山西雪千里。"谢燮雨雪曲云:"峨峨六尺冰,飘飘千里雪。"

千年冰

杜阳杂编:"顺宗即位年,拘弭国贡常坚冰,云其国有大凝山,其中有冰,千年不释。及赍至京师,洁冷如故。虽盛暑赭日,终不消。嚼之,与中国冰冻无异。"又神异经云:"北方有层冰万里,厚百丈。"尸子曰:"朔方之寒,冰厚六尺。北极左右,有不释之冰。"汉五行志云:"元和间①,琅邪井冰厚丈馀②。"

①元和间:续汉书作"光和",此误。按,续汉书五行志三:"灵帝光和六年冬,大寒,北海、东莱、琅邪井中冰厚尺馀。"

②冰厚丈馀:"丈",续汉书作"尺",此误。见上注。

绀碧霜

拾遗记:"广延国霜色绀碧。"又云:"嵊州霜甘也。"汉武帝内传曰:"仙家上药,有玄霜绀雪。"

入液雨

琐事录①:"闽俗,立冬后过壬日②,谓之入液。至小雪出液,得雨谓之液雨。无雨则主来年旱。谚云:'液雨不流箄,高田不要作。'又谓之药雨,百虫饮此水而蛰。"林公弁诗云:"液雨初生小院寒。"

①琐事录:文献通考作"琐碎录",此误。按,文献通考卷二一七经籍考四四:"琐碎录二十卷后录二十卷,陈氏曰:'温革撰,陈晔增广之。后录者,书坊增益也。'"又书画题跋记(明郁逢庆撰)卷二:"温叔皮(革)字画亦苍老。尝为尚书郎,著琐碎录。"

②过壬日:"过",琐碎录作"遇",此误。按,韵府群玉(元阴劲弦撰)卷一九引琐碎录:"闽俗:立冬后遇壬日为入液,至小雪为出液,得雨谓之液雨。"

复槽水

水衡记:"黄河水,十月名复槽水,落复故道也。"

蹙凌水

水衡记:"黄河水,十一月、十二月名蹙凌水。冰断复结,蹙起成层也。"

宝砚炉

天宝遗事:"内库有七宝砚炉一所,曲尽其巧。每冬寒砚冻,置于炉上,砚冰自消,不劳置火。冬月,帝用之。"

暖玉鞍

天宝遗事:"岐王有玉鞍一面,每至冬月则用之。虽天气寒严,此鞍在座下,如有温火之气。"

暖金合

裴铏传奇:"进士张无颇,过袁天罡女袁大娘受药,以暖金合盛之,曰:'寒时,值出此合,一室暄热,不假炉炭矣。'合乃广利王宫之宝。"

却寒帘

杜阳杂编:"咸通九年,同昌公主下降,赐钱五百万贯,仍罄内库宝货,以实其宅,更赐金麦银米数斛。堂设连珠之帐,续真珠以成也。却寒之帘,类玳瑁班,有紫色,云却寒鸟骨所为也,则未知出何国。"

却寒犀

杜阳杂编:"同昌公主堂中设却寒犀。又缀五色香囊,贮辟寒香。"前辈诗云:"辟寒犀外冻云平。"

御寒球

提要录：“太祖登极，九州各贡方物。燕国刘大王守光使进御寒球一床。”

辟寒金

古今诗话：“嗽寒鸟，出昆明国①，形如雀，色黄。魏明帝时，其国来献。饲以真珠及兔脑，常吐金屑如粟。宫人争取为钗钿，名之辟寒金，此鸟不畏寒也。宫人相嘲曰：‘不取辟寒金，那得帝王心。不服辟寒钿，那得帝王怜。’”古乐府云：“谁似辟寒金，聊借与空床暖。”

①嗽寒鸟出昆明国：“嗽寒鸟”，当作“嗽金鸟”，此误。事见拾遗记卷七，太平御览卷一七八、太平广记卷四六三引拾遗记并作“嗽金鸟”。古今诗话当时流通未广，陈元靓或是据诗话总龟(宋阮阅撰)卷四七转引，古今诗话作“嗽寒鸟”实误。按，拾遗记卷七：“(魏)明帝即位二年，起灵禽之园，远方国所献异鸟殊兽，皆畜此园也。昆明国贡嗽金鸟，国人云：‘其地去燃州九千里，出此鸟，形如雀而色黄，羽毛柔密，常翱翔海上，罗者得之，以为至祥。闻大魏之德，被于荒远，故越山航海，来献大国。’帝得此鸟，畜于灵禽之园，饴以珍珠，饮以龟脑。鸟常吐金屑如粟，铸之可以为器”，“此鸟畏霜雪，乃起小屋处之，名曰‘辟寒台’。皆用水精为户牖，使内外通光。宫人争以鸟吐之金用饰钗珮，谓之‘辟寒金’。故宫人相嘲曰：‘不服辟寒金，那得帝王心。’于是媚惑者，乱争此宝金为身饰，及行

卧皆怀挟以要宠幸也。魏氏丧灭，池台鞠为煨烬，嗽金之鸟，亦自翱翔矣。"

辟寒香

述异记："汉武帝时，外国贡辟寒香，室中焚之，虽大寒，必减衣①。"

①必减衣：此句前述异记尚有"自外而入"四字。按，述异记卷上："辟寒香，丹丹国所出，汉武帝时入贡。每至大寒，于室焚之，暖气翁然，自外而入，人皆减衣。"

衣狐裘

吕氏春秋曰："卫灵公天寒凿池，言不寒。宛春曰：'君衣狐裘，坐熊席，四隅有火①，所以不寒。'"

①四隅有火：一作"陬隅有灶"。按，吕氏春秋卷二五分职："卫灵公天寒凿池，宛春谏曰：'天寒起役，恐伤民。'公曰：'天寒乎？'宛春曰：'公衣狐裘，坐熊席，陬隅有灶，是以不寒。'"

设罴褥

拾遗记："周灵王起昆昭之台，设狐腋素裘，紫罴文褥。一人以指弹席上①，而暄风入室，裘褥皆弃台下。"

①一人以指弹席上：此句与上下文义不接，显有脱字。按，拾遗记卷三："（周灵王）二十三年，起昆昭之台"，"又设狐腋素裘，紫罴文褥，罴褥是西域所献也，施于台上，坐者皆温。又有一人唱：'能使即席为炎。'乃以指弹席上，而暄风入室，裘褥皆弃台下。"

捏凤炭

天宝遗事："杨国忠以炭屑用蜜捏塑成双凤，至冬至日，则焰于炉中①，及先以白檀木铺于炉底，馀灰不许参杂。"

①焰于炉中："焰"，开元天宝遗事作"燃"。按，开元天宝遗事卷下："杨国忠以炭屑用蜜捏塑成双凤，至冬至日，则燃于炉中，及先以白檀木铺于炉底，馀灰不可参杂也。"

置凤木

杜阳编："李辅国严凝之时，置凤首木于高堂大厦中。其木高一尺，而雕刻如鸾凤之形。和煦之气如二三月，故别名常春木。"

呵牙笔

天宝遗事："李白尝于便殿对明皇撰诏诰，时十月，大寒，笔冻莫能书字。帝敕宫嫔十人，侍于李白左右，令冬各执牙笔呵之，白遂取而书诏。李白之受圣眷也如此之厚。"

得玉马

臧荣绪续晋书①："新蔡王腾发于并州，常山之真定县②，遇天大雪，平地数丈融不积。腾发怪而掘之③，得玉马，高尺许，上表献之。"藜藿野人立春诗云："玉马自能消朔雪，土牛更为发春风。"

①臧荣绪续晋书：臧荣绪撰晋史，新唐书艺文志二著录，艺文类聚、太平御览等引录，止称晋书，不称续晋书，"续"字当衍。

②常山之真定县：异苑句前有"行次"二字。按，臧荣绪晋书早已散佚，所言玉马事当出刘敬叔异苑。异苑卷四："晋永嘉元年，车骑大将军东瀛王司马腾，字元迈，自并州迁镇邺。行次真定，时久积雪，而当其门前方十数步，独融（许按，原作"液"，今据太平御览卷八〇五引异苑改。）不积。腾怪而掘之，得玉马，高尺许，口齿皆缺。腾以为马者国姓，称吉祥焉。或谓马无齿则不得食。未几，晋遂大乱。腾后为汲桑所杀。"此事又见晋书五行志中。

③腾发怪而掘之："发"，盖涉上"发于并州"而衍，异苑、晋书五行志中无此字。见前注。

炷暖香

云林异景志："宝云溪有僧舍，盛冬，若客至，不燃薪火，暖香一炷，满室如春。"詹克爱题西山禅房诗云："暖香炷罢春生室，始信壶中别有天。"

吐气火

葛仙翁别传:"公与客谈话,时天寒①。仙翁谓客曰:'居贫,不能人人得炉火,请作一大火,共致暖者。'仙公因吐气,火从口中出,须臾火满室,客皆热脱衣也。"

①时天寒:"寒",艺文类聚卷五、太平御览卷三四引葛仙公(翁)别传作"大寒"。按,艺文类聚卷五引葛仙公别传:"公与客谈语,时天大寒。仙公谓客曰:'居贫,不能人人得炉火,请作一大火,共致暖者。'仙公因吐气,火赫然从口中出,须臾大满屋,客皆热脱衣矣。"

煮建茗

开元遗事:"逸人王休,居太白山下,日与僧道异人往还。每至冬日,取冰,敲其精莹者,煮建茗,以供宾客饮之。"

饮羔酒

提要录:"世传陶谷学士买得党太尉家故妓,遇雪,陶取雪水烹团茶,谓妓曰:'党家应不识此。'妓曰:'彼粗人,安有此景,但能于消金帐下,浅酌低唱,饮羊羔酒耳。'陶默然愧其言。"东坡诗云:"试问高吟三十韵,何如低唱两三杯。"

作妓围

天宝遗事:"申王每冬月苦寒之际,令宫女密围于坐侧,以御寒气,谓之妓围。"

揣妓肌

天宝遗事:"岐王每冬寒手冷,不近火,惟于妙妓怀中,揣其肌肤,为之暖手。"

选肉阵

开元遗事:"杨国忠选婢妾肥大者,行列于前,令遮风,谓之肉阵。"

暖寒会

开元遗事:"巨豪王元宝,每冬月大雪之时,令仆夫扫雪为径,躬立坊前,迎揖宾客,具酒炙宴之,为暖寒会。"

送腊粥

皇朝东京梦华录:"十二月,都城卖散佛花。至初八日,有僧尼三五为群,以盆盛金铜佛像,浸以香水,杨柳洒浴,排门教化。诸大寺作浴佛会,并送七宝五味粥,谓之腊八粥。都人是日,亦以果子杂料煮粥而食。"

省寮火

前汉书:"冬,民既入,妇人同巷,相从夜绩,一月得四十五日。以省寮火、同巧拙而合习俗也。"寮,力召反。

温母席

搜神记:"罗威字德行,少丧父,事母至孝。母年七十,天大寒,常以身自温席,而后授其母。"

暖母枕

东观汉记:"黄香字文强,江夏安陆人。事母至孝,每冬寒则身暖枕席,夏则扇之使凉。"东坡诗云:"愿子聚为江夏枕,不劳挥扇自宁亲。"

扣冰鱼

孝子传:"王祥少有德行,事后母至孝。盛寒冰冻,纲罟不施。母欲生鱼,祥解褐扣冰求之,忽冰开,有双鱼跃出,祥获以奉母,时人谓之至孝所致。"黄民本后章云:"卧冰泣竹慰母心[1]。"

①卧冰泣竹慰母心："心"，一作"饥"。黄山谷年谱（宋黄䎖撰）卷一一王稚川既得官都中，有所盼未归，予戏作林夫人欸乃歌二章与之，黄䎖按语："按蜀本石刻题云：'余复代稚川之妻林夫人寄稚川，时稚川在都下，有所盼，留连未归也。'而其诗与集中所载，前后不同，云：'花上盈盈人不归，枣下纂纂实已垂。寻师访道鱼千里，盖世功名黍一炊。'卧冰泣竹慰母饥，天吴紫凤补儿衣。腊雪在时听嘶马，长安城中花片飞。'"

号林笋

楚国先贤传："左台御史孟宗，事后母至孝。母性嗜笋，及母亡，冬节至，宗入林哀号而笋生，以供祭祀。"杜甫诗云："远传冬笋味，更觉彩衣春。"

问岁馀

魏略："董遇好学，人从学者，遇不肯教，云：'当先读书百遍，而义自见。'学者云：'苦暇无日。'遇曰：'当以三馀。'或问三馀之意，遇曰：'冬者岁之馀，夜者日之馀，闰者月之馀①。'"又见任彦升策。山谷诗云："皇文开万卷，家学陋三馀。"东坡诗云："酒饱高眠真事业②，此生有味在三馀。"

①闰者月之馀：艺文类聚卷三引魏略作"雨者晴之馀"，蒙求集注卷下"董遇三馀"条引魏略作"阴雨者时之馀"，海录碎事卷一八引任彦升策作"阴雨者月之馀"。

②酒饱高眠真事业："酒"，苏轼诗集作"醉"。按，苏轼诗集卷三九二月十九日携白酒鲈鱼过詹使君食槐叶冷淘："枇杷已熟粲金珠，桑落初尝滟玉蛆。暂借垂莲十分盏，一浇空腹五车书。青浮卵碗槐芽饼，红点冰盘藿叶鱼。醉饱高眠真事业，此生有味在三馀。"

足文史

汉书："方朔自言①：'年十三学，三冬文史足用。'"注云："贫子冬日乃得学。"

①方朔自言："方朔"，汉书东方朔传作"东方朔"，此误。

岁时广记

卷 五

元 旦 _上

（原注：以上缺。）时之礼也^①。故于此日采椒花，以献尊者。古词云：“□□□□□金缕。探听春来处。”又云：“佳人重劝千长寿，柏叶椒花分翠袖^②。”

①时之礼也：此上脱文，应与<u>南朝梁宗懔荆楚岁时记</u>及<u>隋杜公瞻</u>注相近。按，<u>荆楚岁时记</u>：“（正月一日）于是长幼悉正衣冠，以次拜贺。进椒柏酒，饮桃汤。进屠苏酒、胶牙饧，下五辛盘。进敷于散，服却鬼丸。各进一鸡子。凡饮酒次第，从小起。<u>梁</u>有天下，不食荤，<u>荆</u>自此不复食鸡子，以从常则。”<u>杜公瞻</u>注：“按四民月令云：‘过腊一日，谓之小岁，拜贺君亲，进椒酒，从小起。’椒是玉衡星精，服之令人身轻能（读作耐）老。柏是仙药。<u>成公子安椒华铭</u>曰：‘肇惟岁首，月正元日。厥味惟珍，蠲除百疾。’是知小岁则用之。<u>汉朝</u>元正则行之，<u>典术</u>云：‘桃者五行之精，厌伏邪气，制百鬼也。’<u>董勋</u>云：‘俗有岁首，酌椒酒而饮之。以椒性芳香，又堪为药。故此日采椒花以贡尊者饮之，亦一时之礼也。’”

②柏叶椒花分翠袖："分"，一作"芳"。按，东堂词（宋毛滂撰）
玉楼春（己卯岁元日）："一年滴尽莲花漏，碧井酴酥沉冻酒。晓寒
料峭尚欺人，春态苗条先到柳。　佳人重劝千长寿，柏叶椒花芳翠
袖。醉乡深处少相知，祇与东君偏故旧。"

屠苏散

岁华纪丽："俗说屠苏者，草庵之名也。昔有人居草庵之中，每
岁除夕，遗里闾药一贴，令囊浸井中。至元日，取水置于酒樽，合家
饮之，不病瘟疫。今人得其方而不识名，但曰屠苏而已。"孙真人屠
苏饮论云："屠者，言其屠绝鬼气；苏者，言其苏省人魂。其方用药
八品，合而为剂，故亦名八神散。大黄、蜀椒、桔梗、桂心、防风各半
两，白术、虎杖各一分，乌头半分，咬咀，以绛囊贮之。除日薄暮，悬
井中，令至泥。正旦出之，和囊浸酒中。顷时，捧杯咒之曰：'一人
饮之，一家无疾。一家饮之，一里无病。'先少后长，东向进饮。取
其滓，悬于中门，以辟瘟气。三日外，弃于井中。此轩辕黄帝神
方。"李汉老词云："一年滴尽莲花漏①，翠井屠苏沉冻酒。"洪舍人
迈容斋续笔云："今人元日饮屠苏，自小者起，相传已久，然固有来
处。后汉李膺、杜密，以党人同系狱。值元日，于狱中饮酒，曰：'正
旦从小起。'时镜新书晋董勋云：'正旦饮酒，先饮小者，何也？勋
曰：'俗以小者得岁，故先酒贺之。老者失岁，故后饮殿之。'初学记
载四人月令云②：'正旦进酒次第，当从小起，以年小者起③。'唐刘
梦得、白乐天元日举酒赋诗，刘云：'与君同甲子，寿酒让先杯。'白
云：'与君同甲子，岁酒合谁先？'白又有岁假内命酒一篇云：'岁酒

先拈辞不得，被君推作少年人。'顾况云：'不觉老将春共至，更悲携手几人全。还丹寂寞羞明镜，手把屠苏让少年。'裴夷直云：'自知年几偏应少，先把屠苏不让春。傥更数年逢此日，还应惆怅羡他人。'成文幹云：'戴星先捧祝尧觞，镜里堪惊两鬓霜。好是灯前偷失笑，屠苏应不得先尝。'方干诗云：'才酌屠苏定年齿，坐中皆笑鬓毛斑。'然则尚矣。东坡亦云：'但把穷愁博长健，不辞最后饮屠苏。'其义亦然。"颍滨诗云："井底屠苏浸旧方，床头冬酿压琼浆。"

①一年滴尽莲花漏：全宋词第二册第九五〇页玉楼春据岁时广记录此二句，归于李郃(字汉老)名下，有校语云："案毛滂东堂词有全篇，乃己卯岁元日词，未知孰是。"

②初学记载四人月令云："四人月令"即"四民月令"，初学记成书于唐，盖避唐太宗李世民讳改。

③以年小者起："起"，容斋随笔续笔卷二"岁旦饮酒"条作"起先"。

五辛盘

风土记："正月元日，俗人拜寿，上五辛盘①、松柏颂、椒花酒。五熏炼形，五辛盘者，所以发五脏气也。"正一旨要云："五辛者，大蒜、小蒜、韭菜、芸薹、胡荽是也。"孙真人食忌云："正月之节，食五辛，以辟疠气。"孙真人养生诀云："元日，取五辛食之，令人开五脏，去伏热。"卫生必用云："韭性暖，春食补益。"齐周颙隐钟山，王俭谓曰："山中所食，何者最胜？"曰："春初早韭，秋末晚菘。"庾肩吾诗云："聊开柏叶酒，试奠五辛盘。"一云，五辛，姜也。

①上五辛盘："上"，太平御览引作"造"。按，御览卷二九引<u>周处风土记</u>："元日，造五辛盘。正元日，五熏炼形。"注曰："五辛所以发五藏气。"

敷于散

<u>葛洪炼化篇</u>："敷于散用柏子仁、麻仁、细辛、干姜、附子等分为末。元日，井花水服之，抑阴助阳，却邪辟疫。"一云<u>胡洽</u>方。

弹鬼丸

<u>刘氏方</u>："弹鬼丸，<u>武都</u>雄黄、丹砂二两，合前五药为末，镕蜡五两，和圆如弹大。正旦，男左女右佩之，大辟邪气。"又有所谓却鬼丸，<u>唐</u>人诗云："走鹿枯风吼夜阑，颂花还喜向椒盘。人情此日非前日，岁事新官对旧官。竹叶莫辞终日醉，梅花已拚隔年看。书生但恐寒为祟，不用朱泥却鬼丹。"

辟瘟丹

<u>千金方</u>："辟瘟丹：皂角、苍术、降真香为末，水圆如龙眼大，朱砂为衣。正旦五更，当门焚之，禳灭瘟气。"

胶牙饧

<u>荆楚岁时记</u>："元日，食胶牙饧，取胶固不动之义。"今北人亦如

之。白乐天诗云："一楪胶牙饧。"

粉荔枝

　　金门岁节："洛阳人家,正旦,造鸡丝[①]、蜡燕、粉荔枝,更相馈送。"古词云："晓日楼头残雪尽,乍破腊、风传春信。彩燕丝鸡,珠幡玉胜,并归钗鬓。"

　　[①]鸡丝:白孔六帖引金门岁节作"丝鸡",此误。按,白孔六帖卷四"燕粉荔枝"条引金门岁节:"洛阳人家,正旦,造丝鸡、蜡燕、粉荔枝。"

擘柿橘

　　琐碎录："京师人,岁旦用盘盛柏一枝,柿橘各一枚,就中擘破,众分食之,以为一岁百事吉之兆。"

餐蓬饵

　　西京杂记："汉宫中,正旦,出池边盥濯,食蓬饵,以被除邪恶气。"

食索饼

　　岁时杂记："元日,京师人家多食索饼。所谓年馎饦者,或此类。"

服桃汤

荆楚岁时记:"元旦,服桃汤。桃者,五行之精,能厌伏邪气,制御百鬼。"又风俗通云:"元日,饮桃汤及柏叶酒。"

煎术汤

皇朝岁时杂记:"正月一日,京城人皆煎术汤以饮之,并烧苍术,以辟除疫疠之气。"

服瀹豆

四时纂要:"岁旦,服赤小豆二七粒,向东以瀹汁下,可终岁无疾。家人悉令饮之。"

吞盐豉

皇朝岁时杂记:"元旦,吞盐豉七粒,可令终岁不误食蝇子。"

咽鸡卵

风俗通:"元日,食鸡子一枚,以炼形也。"又庄子注云:"正旦,皆当吞生鸡子一枚。"

浴香汤

杂修养书:"正月一日,取五木汤以浴,令人至老须发稠黑。"徐锴注云:"道家以青木香为五香,亦名五木。道家多以此为浴。"海录碎事云:"一木五香,根旃檀,节沉,花鸡舌,叶藿,胶薰陆。"

烧丁香

琐碎录:"枢密王博文,正旦四更烧丁香,以辟瘟气,取性烈也。"

燃爆竹

神异经:"西方深山中有人,长尺馀,犯人则病寒热,名曰山臊。以竹着火中,熚烞有声,而山臊惊惮。"玄黄经云:"此鬼是也。俗以为爆竹起于庭燎,不应滥于王者。"又荆楚岁时记云:"元日,庭前爆竹,以辟山臊恶鬼也。"颍滨除日诗云:"楚人重岁时,爆竹鸣磔磔。"又王荆公诗云①:"爆竹惊邻鬼。"古词云:"南楼人未起。爆竹声闻,应在笙歌里。"又云:"竹爆当门庭,震门陛也。"

①王荆公诗云:"爆竹惊邻鬼"句今见苏轼诗集卷二荆州十首之七,此作王荆公(王安石)诗实误。按,苏轼诗集荆州十首(其七):"残腊多风雪,荆人重岁时。客心何草草,里巷自嬉嬉。爆竹

惊邻鬼,驱傩聚小儿。故人应念我,相望各天涯。"

饰桃人

山海经:"东海有度朔山,上有大桃树,蟠屈三千里。其卑枝间,东北曰鬼门,万鬼所出入也。上有二神,一曰神荼,一曰郁垒,主阅领众鬼之恶害人者,执以苇索,而用饲虎焉。""于是黄帝法而象之[①],殴除毕,因立桃梗,于门户之上,画郁櫑持苇索,以御凶鬼,画虎于门,当食鬼鬼也[②]。"后汉礼仪志注云:"虎者,阳物,百兽之长,能击鸷鸟,食魍魅者也[③]。"又风俗通云:"黄帝上古之时,有神荼、郁櫑兄弟三人,性能执鬼。于度朔山桃树下,简阅百鬼之无道者,缚以苇索,执而饲虎。是故县官常以腊祭夕,饰桃人,垂苇索,画虎于门,以御凶也。"又括地图云:"桃都山有大桃树,盘屈三千里。上有金鸡,日照此则鸣。下有二神,一名郁,一名垒,并执苇索,以伺不祥之鬼,得则杀之。"又玄中记云:"今人正朝作两桃人,立门傍,以雄鸡毛置索中,盖示勇也。"张平子东都赋云:"度朔作梗,守以郁垒,神荼副焉,对操苇索。"李善注云:"梗,桃木人也。"

①于是黄帝法而象之:此句前引山海经,下言黄帝事,皆出续汉书礼仪志中梁刘昭注,"于是黄帝法而象之"云云,当属刘昭注,而非山海经原文。

②当食鬼鬼也:续汉书礼仪志中刘昭注作"当食鬼也",此衍一"鬼"字。

③能击鸷鸟食魍魅者也:续汉书礼仪志中刘昭注作"能击鸷,性食鬼魅也"。

画桃梗

战国策:"苏秦说孟尝君曰:'土偶人语桃梗曰:"今子东国之桃木,削子为人,假以丹彩,用子以当门户之疡。"'"高诱注云:"东海中有山名度朔,上有大桃树。其枝间,东北曰鬼门,下有二神人,一曰余与①,二曰郁雷,主治害鬼。故世刊此桃,画余与、郁雷②,正岁以置门户,号之曰桃梗。"后汉礼仪志注云:"梗者更也,岁终更始,受介祉也。"或曰即黄帝立桃人之事耳。

①余与:本卷下"辩荼垒"条作"佘与",疑皆"荼与"之误。今本战国策引高诱注已改"荼与"。按,战国策齐策三:"今子东国之桃梗也。"高诱注:"东海中有山,名曰度朔,上有大桃,屈槃三千里。其卑枝间,东北曰鬼门,万鬼所由往来也。上有二神人,一曰荼与,一曰郁雷,主治害鬼。故使世人刊此桃梗,画荼与与郁雷首,正岁以置门户辟,号之桃梗。荼与、郁雷皆在东海中,故曰'东国之桃梗也'。"

②画余与郁雷:战国策齐策三高诱注作"画荼与与郁雷首"。见上注。

插桃梧①

淮南子诠言训:"羿死于桃梧。"许慎注云:"梧,大杖也。取桃为之,以击杀羿。由是以死,鬼畏桃。"今人以桃梗径寸许,长七八寸,中分之,书祈福禳灾之辞,岁旦插于门左右地而钉之,即其制也。

①插桃梧:"梧",淮南子作"棓",此误。下同。按,淮南子诠言训:"羿死于桃棓。"高诱注:"棓,大杖,以桃木为之,以击杀羿。由是以来,鬼畏桃也。"又太平御览卷三五七引六韬:"方首铁棓重十二斤,柄长五尺,千二百枚,一名天棓。"许慎注:"大杖。以桃为之,杀羿,是以鬼畏桃人也。"

写桃版

皇朝岁时杂记:"桃符之制,以薄木版长二三尺,大四五寸,上画神像、狻猊、白泽之属,下书左郁垒,右神荼。或写春词,或书祝祷之语,岁旦则更之。"王介甫诗云:"总把新桃换旧符。"东坡诗云:"退闲拟学旧桃符①。"

①退闲拟学旧桃符:"闲",苏轼诗集作"归"。按,苏轼诗集卷一一除夜野宿常州城外二首(其二):"南来三见岁云徂,直恐终身走道途。老去怕看新历日,退归拟学旧桃符。烟花已作青春意,霜雪偏寻病客须。且把穷愁博长健,不辞最后饮屠苏。"

造仙木

玉烛宝典:"元日,造桃版著户,谓之仙木。以像郁垒山、桃树,百鬼畏之也。"

辩荼垒

艺苑雌黄:"荼、垒之设,数说不同。山海经及风俗通则曰神荼、郁垒,高诱注战国又曰佘与、郁垒,玉烛宝典直以郁垒为山名,括地图又分郁垒为二,而无神荼。"不知当以何说为是。然今人正旦书桃符,多用郁垒、神荼。古词云:"待醉里小王,书写副、神荼郁垒。"

绘门神

荆楚岁时记:"岁旦,绘二神披甲持钺,贴于户之左右,谓之门神。"又吕原明岁时杂记云:"除夕,图画二神形,傅于左右扉,名曰门神户尉。"

书𢺵字

酉阳杂俎:"元日,俗好于门上画虎头,书'𢺵'字。谓阴司鬼名,可息虐疠也。又读书旧仪云①:'岁日,傩逐疫鬼,立桃人、苇索、沧耳、虎头等于门。'所谓'沧耳'者,恐即'𢺵'字之讹也。"又宣室志云:"斐渐隐居伊水②,善洞视鬼物。时有道士李君,见渐于伊上,寓书博陵崔公曰:'当今制鬼,无过渐耳。'是时朝士咸闻'渐耳'之说,而不审所谓,竟书其字于门,以辟祟疠。后人效之,遂至成俗。"

①又读书旧仪云:酉阳杂俎作"予读汉旧仪",此误。按,酉阳杂俎续集卷四贬误:"俗好于门上画虎头,书'𢺵'字,谓阴刀鬼名,

可息疫疠也。予读汉旧仪，说傩逐疫，又立桃人、苇索、沧耳、虎等，'聻'为合'沧耳'也。"

②裴渐隐居伊水："裴渐"，宣室志作"裴渐"，此误。按，事物纪原（宋高承撰）卷八"书聻"条引张读宣室志："裴渐隐居伊水，时有道士李君善视鬼，尝见渐于伊上。大历中，寓书博陵崔公曰：'当今制鬼，无过渐耳。'是时朝士咸知'聻'字题其门者自于（以）是，此'聻'谓裴渐也。"惟太平广记引宣室志则误为冯渐事。广记卷七五"冯渐"条引宣室志："河东冯渐，名家子，以明经入仕。性与俗背，后弃官隐居伊水上。有道士李君以道术闻，尤善视鬼，朝士皆慕其能。李君后退归汝颍，适遇渐于伊洛间，知渐有奇术，甚重之。大历中，有博陵崔公者，与李君为偻，甚善。李君寓书于崔曰：'当今制鬼，无过渐耳。'是时朝士咸知渐有神术数，往往道其名。别后长安中人率以'渐'字题其门者，盖用此也。"

贴画鸡

艺苑雌黄："古人以正旦画鸡于门，七日贴人于帐。杜公瞻注岁时记云：'馀日不刻牛羊狗猪马之像，而二日独施人、鸡，此则未喻。'予以意度之，正旦画鸡于门，谨始也；七日贴人于帐，重人也。"

刻明鸟

拾遗记："尧在位七年①。祗支国献重明鸟，似凤而小，云能禳妖灾。或一岁数来，或数岁一来，国人每扫户以望其集。或以金宝刻为其状，置户牖间，则鬼类自伏。今人元日刻为画鸡于户上，盖其遗像也。"

①尧在位七年："七年"，拾遗记作"七十年"，此误。按，史记五帝本纪："尧立七十年得舜，二十年而老，命舜摄行天子之政，荐之于天。"又拾遗记卷一："尧在位七十年。有鸾雏岁岁来集，麒麟游于薮泽，枭鸱逃于绝漠。有祗支之国献重明之鸟，一名双睛，言双睛在目。状如鸡，鸣似凤。时解落羽毛，肉翮而飞。能搏逐猛兽虎狼，使妖灾群恶不能为害。饴以琼膏。或一岁数来，或数岁不至。国人莫不洒扫门户，以望重明之集。其未至之时，国人或刻木，或铸金，为此鸟之状，置于门户之间，则魑魅丑类自然退伏。今人每岁元日，或刻木铸金，或图画为鸡于牖上，此之遗像也。"

钉面蛇

岁时杂记："京师人以面为蛇形，又以炒熟黑豆、煮熟鸡子三物，于元日四鼓时，用三姓人掘地，逐件以铁钉各钉三下，咒曰：'蛇行则病行，黑豆生则病行，鸡子生则病行。'咒毕，遂掩埋之。"

挂兔头

岁时杂记："元旦，取兔头，或兼用面蛇，或以竹筒盛雪水，与年幡、面具同挂门额。"

斩鼠尾

杂术:"腊月捕鼠,断其尾。正月一日,日未出时,家长于蚕室祝曰:'制断鼠虫,切不得行。'三祝而置之壁上,永无暴鼠。"

烧鹊巢

四时纂要:"元旦,取鹊巢烧之,著厕,辟兵,极效。"

取古砖

陈藏器拾遗云:"正月朝早,将物去冢头,取古砖一口,祷咒:'要断一年无时瘟①。'悬安大门也。"

①无时瘟:"瘟",一作"疫"。按,证类本草卷四引陈藏器本草拾遗:"冢上土及砖石,主温疫。五月一日取之,瓦器中盛埋之,著门外阶下,合家不患时气。又正月朝早,将物去冢头,取古砖一口,将咒:'要断一年无时疫。'悬安大门也。"

镂色土

易通卦验:"正旦五更,整衣冠,于家庭中燃爆竹,帖画鸡,或镂五色土于户上,厌不祥也。"

造华胜

董勋答问礼俗:"正月一日,造华胜以相遗,像瑞图金胜之形。贾充李夫人典诫曰:'每见时人月旦花胜,交相遗与。'谓正月旦也。"李汉老元旦词云:"又喜椒觞到手[1],宝胜里、仍翦金花。"东坡元日诗云:"萧索东风两鬓华,年年幡胜剪宫花。"又云[2]:"胜里金花巧耐寒。"

[1]又喜椒觞到手:此词一作吴则礼词,今见全宋词第七三六页,其校语云:"案岁时广记卷五引'又喜椒觞到手'二句作李邴(字汉老)词。"按,吴则礼北湖集卷四满庭芳(立春):"声促铜壶,灰飞玉琯,梦惊偷换年华。江南芳信,疏影月横斜。又喜椒觞到手,宝胜里、仍翦金花。钗头燕,妆台弄粉,梅额故相夸。 隼旟,人未老,东风袅袅,已榜高牙。渐园林月永,叠鼓凝笳。小字新传秀句,歌扇底、深把流霞。聊行乐,他时画省,归近紫皇家。"

[2]又云:下引"胜里金花巧耐寒"乃唐杜甫人日二首诗句(见杜诗详注卷二一),非宋苏轼(东坡)诗句,句前疑有脱文。

剪年幡

皇朝岁时杂记:"元旦,以鸦青纸或青绢剪四十九幡,围一大幡,或以家长年龄戴之,或贴于门楣。"仲殊元日词云:"椒觞献寿瑶觞满,彩幡儿轻轻剪。"又云:"柏觞潋滟银幡小。"

悬苇索

荆楚岁时记:"元日,悬苇索、桃棒于门户上。"海录碎事云:"南阳苇杖,用刘宽蒲鞭事。"韩诗外传曰:"老蒲为苇。"

投麻豆

杂五时书:"正旦及上元日,以赤豆、麻子二七粒置井中,辟瘟疠,甚效。"

折松枝

董勋答问礼俗:"岁首祝椒酒,饮毕,又折松枝于户,男一七,女二七,亦同此义。"

取杨柳

苏氏演义:"正旦,取杨柳枝著户,百鬼不入家。"

照桑果

齐民要术:"正旦鸡鸣时,把火遍照五果及桑树上下,则无虫。时年有桑果灾生虫者,元旦照之免灾。"

嫁枣李

四时纂要："元旦，日未出时，以斧斑驳锥斫枣李等树，则子繁而不落，谓之嫁树。晦日同。嫁李，则以石安树间。"

采款花

本草图经："款冬花生于冰下，十二月、正月旦采之。傅咸款冬赋序曰：'余曾逐禽登北山，于时中冬①，冰凌盈谷，积雪被崖。顾见款冬花，炜然始敷华艳，当是正于冰下为花也。'主欬逆，古今方用之。"

①中冬：证类本草卷九"款冬花"条引图经作"仲冬"，此误。

忌针线

岁时杂记："京人元日皆忌针线之工，故谚有'懒妇思正月，馋妇思寒食'之语。"

治酒食

李晟传："正岁，崔氏女归宁。晟曰①：'尔有家，而姑在堂，当治酒食，以待宾客。'即却之，不得进。"

①晟曰：新唐书作"让曰"。按，新唐书卷一五四李晟传："正

岁，崔氏女归宁，让曰：‘尔有家，而姑在堂，妇当治酒食，且以待宾客。’即却之，不得进。达礼敦教类若此。”

祝富贵

唐文粹：“元稹元旦诗云：‘富贵祝来何所遂，聪明鞭得转无机。’稹自注云：‘祝富贵、鞭聪明，皆正旦童稚语①。’”

①皆正旦童稚语：“童稚语”，元稹集作“童稚俗法”。按，元稹集卷二二酬复言长庆四年元日郡斋感怀见寄：“腊尽残销春又归，逢新别故欲沾衣。自惊身上添年几，休系心中小是非。富贵祝来何所遂，聪明鞭得转无机。（祝富贵、鞭聪明，皆正旦童稚俗法。）羞看稚子先拈酒，怅望平生旧采薇。去日渐加馀日少，贺人虽闹故人稀。椒花丽句闲重检，艾发衰容惜寸晖。苦思正旦酬白雪，闲观风色动青旂。千官仗下炉烟里，东海西头意独违。”

禳长短

岁时杂记：“小儿生太短者，元日五鼓，就厕傍偃卧，从足倒曳跬步许。太长者，以木枕拍其头。”

卖蒙懂

岁时杂记：“元日五更初，猛呼他人，他人应之，即告之曰：‘卖与尔蒙懂。’卖口吃亦然。”

呼畜类

五行书:"元日向晨,至门前,呼牛马杂畜令来①。仍置粟豆于灰,散之宅内,云可以招牛马。未知所出。"

①呼牛马杂畜令来:"杂",荆楚岁时记杜公瞻注作"鸡"。

验牛卧

玉堂闲话:"正月一日,于牛屋下验牛俱卧,则五谷难生苗①。半卧半起,岁中平。牛若俱立,则五谷大熟。"

①则五谷难生苗:"生",类说卷五四引玉堂闲话作"立"。

岁时广记

卷六

元　旦 中

（原缺）

岁时广记

会两禁

古今词话:"庆历癸未十二月十九日立春,甲申元日,丞相晏元献公会两禁于私第。丞相席上自作木兰花以侑觞,曰:'东风昨夜回梁苑,日脚依稀添一线。旋开杨柳绿蛾眉,暗折海棠红粉面。无情欲去云间雁,有意飞来梁上燕。无情有意且休论,莫向酒杯容易散。'于时坐客皆和,亦不敢改首句'东风昨夜'四字。今得三阕,皆失姓名。其一曰:'东风昨夜吹春昼,陡觉去年梅蕊旧。谁人能解把长绳,系得鸟飞并兔走。　清香潋滟杯中酒,新眼苗条江上柳。樽前莫惜玉颜酡,且喜一年年入手。'其二曰:'东风昨夜传归耗,便觉银屏寒料峭。年华容易即凋零,春色只宜长恨少。　池塘隐隐惊雷晓,柳眼初开梅萼小。樽前贪爱物华新,不道物新人渐老。'其三曰:'东风昨夜归来后。景物便为春意候。金丝齐奏喜新春,愿介香醪千岁寿。　寻花插破桃枝臭。造化工夫先到柳。镕酥剪彩恨无香,且放真香先入酒。'"

入仙洞

夷坚丁志:"李大川,抚州人,以星禽术游江淮。政和间,至和州,值岁暮,不盘术。正旦日,逆旅主人拉往近郊。见悬泉如帘,下入洞穴,甚可爱。因相携登陇,观水所注。其地少人行,阴苔滑足,李不觉陨坠,似两食顷,乃坐于草壤上,肌肤不少损。睨穴中,正黑如夜,攀缘不能施力,分必死。试举右手,空无所着。左手即触石壁,循而下,似有微径可步。稍进渐明,右边石池,荷方烂熳。虽饥渴交攻,而花与水皆不可及。已而明甚,前遇双石洞门。欲从右入,恐益远,乃由左户而过。如是者三,则在大洞中,花水亦绝,了不通天日,而晃耀胜人间。中有石棋局,闻诵经声,不见人。远望若有坐而理发者,近则无所睹。俄抵一大林,阴森惨澹,凄神寒骨,悸怖疾走,已出旷野间。举头见日,自喜再生,始缓行。见道傍僧寺,憩于门。僧出问故,皆大惊,争究其说,李曰:'与我一杯水,徐当言之。'便延入寺具饭,悉道所历。僧叹曰:'相传兹山有洞,是华阳洞后门,然素无至者。'李问此何处,曰:'滁州境。''今日是何朝?'曰:'人日也。'李曰:'吾已坠七日,才如一昼耳。'僧率众挟兵刃,邀李寻故蹊,但怪恶种种,不容复进。李还历阳[①],访旧馆。到已暮夜,扣户,主人问为谁,以姓名对,举室吐骂曰[②]:'不祥!不祥!'李大声呼曰:'我非鬼也,何得尔!'遂启户,留数日而归。每为人话其事,或诮之曰:'尔亦愚人,正旦荷花发,讵非仙境乎?且双石洞门,安知右之远而左可出也?'李曰:'方以死为虑,岂暇念此。

虽悔之,何益?'"

①李还历阳:"历阳",夷坚志丁志卷八"华阳洞门"条作"和州"。

②举室吐骂:"吐骂",同上书作"唾骂"。

游星宫

夷坚丙志:"建昌李氏,奉紫姑甚谨。一子未娶,每见美女子往来家间,遂与狎昵。时对席饮酒,烹羊击鲜,莫知所从致。父母知而禁之①,乃闭诸空室,女子犹能来。经旬日,谓曰:'在此非乐处,盍一往吾家乎?'即携手出外,高马文舆,导从已具。促登车,障以帷幔,略无所睹。不移时,到一大城,瑶宫瑶砌②,佳丽列屋,气候和淑,不能分昼夜。时时纵游他所,见珠球甚多,粲绚五色,挂于椽间。问其名,曰:'此汝常时望见谓为星者也。'留久之。一日,凭栏立,女曰:'今日世间正旦也。'生豁然省悟,私自悼曰:'我在此甚乐,当新岁节,不于父母前再拜上寿,得无贻亲念乎③?'女已知其意,怅然曰:'汝有思亲之念,吾不可复留。汝宜亟还,亦宿缘止此尔。'命酌酒语别,取小襆纳其怀,戒之曰:'但闭目敛手,任足所向。道上逢奇兽异鬼,百灵秘怪,从汝觅物,可探怀以一与之,切不得过此数,过则无继矣。俟足踏地,则到人间,然后为还家计。'生泣而诀。既行,觉耳旁如崩崖飞湍,响振河汉,天风吹衣,冷透肌骨。巨兽张口衔其祛,生忆女所戒,与物即去,俄又一物来,如是者殆百数。摸索所携,只馀其一。忽闻市声嘈嘈,足亦履地。开目问人,乃泗州也。空孑一身,茫不知为计。启襆视之,正存金钥匙一个,货于市,得钱二十千。会纲舟南下,随以归,家人相悲喜④,曰:'失之数月矣。'"

①父母知而禁之:夷坚志丙志卷一八"星官金钥"条此句下有"不可"二字。

②瑶宫瑶砌:"瑶砌",同上书作"瑶砌",此误。

③得无贻亲念乎:"贻",同上书作"诒"。

④家人相悲喜:同上书"相"后有"见"字。

遇真人

夷坚志:"丹阳苏养直庠居后湖,暮年,徙太湖马迹山。绍兴甲子十一月,中酒病困卧,所使村童持谒扣床,曰:'有客称江宣赞,欲求见。'视其谒刺,曰'惠州罗浮山水帘洞长生道人江观潮',两畔各书诗一句曰:'富贵易逢日月短','此中难遇是长生。'苏悦其语,强起延之。客曰:'罗浮黄真人以君不欲世间声利,姓名已书仙籍,命我持丹授君。'苏时年八十矣,应之曰:'庠平生未尝识真人,且又形骸已坏,何以丹为哉?'客曰:'此非五金八石比,盖真人真气所化也,服之无嫌。'苏视之,客衣服侈丽类贵游,言辞鄙俗,甚恶之,冀其速去,曰:'虽然,终不愿得也。老病缺于承迎,当令儿曹奉陪次。'客曰:'我专为君来,君不欲丹,当复持以归。但路绝远,愿借一宿,明日晴即去。不然,须少留也。'不获已,命馆于菊墅。时天久晴,五更大雨作。苏忆昨日语,颇悔。亟邀致具酒,未及饮,苏曰:'丹可见否?'客喜,便于腰间箧中取授苏,连云:'且延一纪。'药仅如豆大,紫黄色,亦不作丸剂。客曰:'困笃则服之,方见奇效。

凡身有疾,但敬想丹力所行至即愈。饵此者,当飞升度世。若情欲未毕,故自延一纪寿,寿终亦为仙官矣。'饮罢,遂别去,约五年复来,来时君异于今日。苏以丹并刺字置笥中。岁未尽五日,忽大病,至除夕,气绝。家人以顶暖,不忍敛。及明,诸子记前事,发笥视之,药故在,取投口中。须臾即起,洒然若无疾,饮啖自如。再令拾刺字并丹贴,欲烧末饮之,不复见。苏须发如霜,自是其半再黑。初,建炎中,丧右目瞳子,至此亦瞭然。后十二年,作书与芝林向伯恭云:'吾耳中时闻异音,罗浮山人期以数年相见。应尽便尽,馀不复较。'十二月,往茅山别诸道友。元日,聚族欢饮达旦,披衣曳杖出门,云:'黄真人至矣。'其行如驰,婢仆惊奔,仅能挽衣裳,已立化矣。"

乞如愿

录异记①:"庐陵邑子欧明者,从贾客道经彭泽湖,每过,辄以船中所有,多少投湖中。见大道之上,有数吏,皆着黑衣,乘车马,云是青洪君使,邀明过。明知是神,然不敢不往。吏车载明,须臾,见有府舍,门下吏卒。吏曰:'青洪君感君有礼,故邀君,以重送君,皆勿取,独求如愿耳。'去,果以缯帛赠之,明不受,但求如愿。神大怪明知之,意甚惜之,不得已,呼如愿,使随明去。如愿者,青洪君婢,常使取物。明将如愿归,所须辄得之。数年,成富人,意渐骄盈,不复爱如愿。正月岁朝,鸡初鸣,呼如愿。如愿不即起,明大怒,欲捶之。如愿乃走于粪上,有故岁扫除聚薪,足以偃人,如愿乃于此逃,得去。明谓逃在积薪粪中,乃以杖捶粪使出。又无出者,乃知不能得,因曰:'汝但使我富贵,后不捶汝。'今人岁朝鸡鸣时,辄往捶粪,云使人富。"山谷诗云:"政当为公乞如愿,作笺远寄君亭湖。"荆州记曰:"君亭湖即彭泽湖,又谓之彭蠡湖。"

①录异记:太平广记卷二九二"欧明"条引此作"博异录"(明钞本作"录异传")。

吞寿丹

稽神录:"张武者,始为庐江道中一镇副将,颇以拯济行旅为事。尝有老僧过其所,武谓之曰:'师年老,前店尚远,今夕止吾庐中可乎?'僧欣然。其镇将闻之,怒曰:'今南北交战,间谍如林,知此僧为何人,而敢留之也。'僧乃求去,武曰:'吾业已留师,行又益晚,但宿无苦也。'武室中唯有一床,即以奉其僧,己即席地而寝,盥濯之备,皆自具焉。夜数视之。至五更,僧乃起而叹息,谓武曰:'少年乃如是耶!吾有药,赠子十丸,每正旦吞一员,可延十年之寿。善自爱。'珍重而去。出门,忽不见。武今为常州团练副使,有识者计其年已百岁,常自称七十,轻健如故。"

服岁丹

丽情集:"开宝中,贾知微遇曾城夫人杜兰香及舜二妃于巴陵,二妃诵李群玉黄陵庙诗曰:'黄陵庙前春草生,黄陵女儿茜裙新。轻舟短楫唱歌去,水远天长愁杀人。'贾与夫人别,命青衣以秋罗帕覆定命丹五十粒,曰:'此罗是织女采玉蚕织成,遇雷雨密收之。其

丹每岁旦服一粒,可保一年。'后大雷雨,见箧中一物,如云烟腾空
而去。"

获仙药

刘贡父诗话:"黄觉旅舍见一道士,共饮,举杯撱水写'吕'字,
觉乃悟其为洞宾也。怀中出七大钱、三小钱,曰:'数不可益也。'与
药,可数寸许。'岁旦,以酒磨服,可一岁无疾。'觉如其言,至七十
馀,药亦垂尽,作诗曰:'床头历日无多子,屈指明年七十三。'果以
是岁终。"

知饮馔

逸史:"李宗回者,有文词,应进士举。曾与一客自洛至关,客
云:'吾能先知人饮馔①。'临正旦,将谒华阴县令②,李谓客曰:'明
日到彼③,得何物喫?'客抚掌曰:'大奇! 当与公各饮一盏椒葱酒,
食五般馄饨,不得饭喫。'李亦未信。翌日同见④,令喜曰:'二贤冲
寒,且速暖两杯酒来,仍着椒葱。'良久,台盘至,有小奴与令耳语,
令曰:'总煮来。'谓二客曰:'某有小女,常言何不令我勾当家事,因
恼渠,检点作岁饮食⑤,适来云有五般馄饨,问煮那般,某云总煮
来。'逡巡,以大碗盛,二客食尽。忽报敕使到,旧例合迎,令忙鞭马
而去。客出,而仆已结束先行数里⑥。二客大笑登途,竟不得饭喫。
异哉! 饮啄之分也。"

①吾能先知人饮馔:太平广记卷一五三"李宗回"条引逸史此

句下尚有"毫厘不失"四字。

②将谒华阴县令:同上书此句作"一日,将往华阴县,县令与李公旧知,先遣书报"。

③明日到彼:同上书此句作"岁节人家皆有异馔,况县令与我旧知,看明日到,何物喫"。

④翌日同见:同上书此句作"及到华阴县,县令传语,遣鞍马驮乘,店中安下,请二人就县"。

⑤检点作岁饮食:同上书句前有"遣"字。

⑥而仆已结束先行数里:同上书此句作"欲就店终飡,其仆者已归,结束先发,已行数里"。

作斋会

岁时杂记:"僧家以冬年为俗节,唯重解结夏日为受岁,又以一夏为一腊。冬正日,在京寺院常作大斋会,不受贺。禅老又颂曰:'众人皆拜岁,山僧不贺年。孟春寒犹在,日月几曾迁?'大率以斋会为重。"

请紫姑

诗词纪事:"曹抡者,戊子岁旦集会亲友,先夕雪作,至旦尤甚。抡请紫姑乞诗,运笔不可遏,书五十六字云:'朝元初退紫宸班,花落东风响佩环。瑞雪再飞天有意,好诗未就我何颜。青罗带露中流水,白玉屏开四面山。鹤驾欲归归未得,水晶宫阙在人间。'"

祭瘟神

岁时杂记:"元旦四鼓,祭五瘟之神,其器用、酒食并席,祭讫皆抑弃于墙外。"

遇疫鬼

夷坚丁志:"缙云管枢密师仁为士人时,正旦[1],出门遇大鬼一阵[2],形见狂恶。管叱问之,对曰:'我等疫鬼也。岁首之日,当行病于人间。'管曰:'吾家有之乎?'曰:'无之。'管曰:'何以得免?'曰:'或三世积德,或门户将兴,又不食牛肉,三者有一者,我不能入,家无疫患。'遂不见。"

[1]正旦:夷坚志丁志卷二"管枢密"条作"正旦夙兴"。

[2]一阵:同上书作"数辈"。

化青羊

法苑珠林:"唐长安市里,每岁元日已后,递饮食相邀,号为传坐。东市笔生赵大次当设之。有客先到,见碓上有童女,青衫白帽[1],以索系颈,属于碓柱,泣谓客曰:'我,主人女也。往年未死时,盗父母钱,欲买脂粉,未及而死。其钱今在厨舍壁中。然我未用,既以盗之,坐此得罪,今当偿命。'言毕,化为青羊,白头。客惊,告主人。主人问其形貌,乃是小女,死已二年。果厨壁得钱,于是送羊僧寺,阖门不复食肉焉。"

①青衫白帽：法苑珠林卷七四十恶篇"唐西京东市笔行赵氏女"条作"着青裙白衫"，句前并有"年可十三四"五字。

揲蓍卦

夷坚丙志："王昇待制素精礼学，又传易象数于葆光张弼先生，占筮如神。每岁首月旦，辄探蓍定卦，以考一岁一月休咎，虽一日亦然。宣和中，为明堂司令，朝廷兴伐燕之役，发书占之，知必贻后害，卦冠归严州，结庐于乌龙山下。与江邀侍郎先有中外亲，建炎四年冬十月，江丁家难，王来吊，言曰：'吾处世亦不久矣。'江曰：'翁春秋虽高，殊无衰态，何遽至尔。'曰：'天数已定，岂复分毫可增损耶？'江曰：'然则在何时？'曰：'正月也。'先是，王尝言：'我已受玉帝敕，当为天地水三官。'乡人莫之信。入新岁两日，遣信呼江甚急，江犹未卒哭，辞不可往。翌日，顾其子，取所为礼书，亲镌藏之，戒曰：'勿轻示人。更二十年，乃可开，当以畀江十三官也。'端坐而绝，时年八十馀。绍兴中，造五辂，或以其书可用，言于时相者，诏本郡给笔札缮写上进，距其卒正一纪。"

求响卜

鬼谷子响卜法："灶者，五祀之首也。吉凶之柄，悉归所主。凡有疑虑，俟夜稍静，扫洒爨室，涤釜注水令满。以木杓一个顿灶上，燃灯二盏，一置灶腹，一置灶上，安镜一面于灶门边。炷香镜前，扣齿咒曰：'维年月日，某官敢爇信香昭告于司命灶君之神：窃闻福既有基,咎岂无征？事之先兆,唯神是司。以今某伏为某事,中心营营,罔知攸绪。敬于神静夜,移薪息爨,涤釜注泉,求趋响卜之途,恭俟指迷之柄。情之所属,神实鉴之,某不胜听命之至。'祷毕,以手拨锅水,令左旋,执杓祝之曰:'四纵五横,天地分明。神杓所指,祸福攸分。'祝毕,以杓置水之上,任自旋自定,随柄所指之处,抱镜出门徐去,不得回顾。密听傍人言语,才闻第一句,即是响卜。急归,置镜床上。细推其意,自合所祷,便见吉凶,事应后方得言之,香灯亦未得撤去。其或杓柄指处,无路可行,则是所占有阻,别日再占。凡秽亵不诚之语,则不可占,恐速祸也。元旦,宜占一岁之休咎。"

占日干

四时纂要:"元旦值甲,米贱,人民疫。值乙,米麦贵,人病死。值丙,四十日旱,人安。一云四月旱。值丁,丝绵六十日贵。值戊,粟鱼盐贵,又旱四十五日。值己,稻贵蚕凶,多风雨。值庚,金铜贵,禾熟,民多病。值辛,麻麦贵,禾大收。值壬,米麦贱,绢布、大豆贵。值癸,禾灾,人疫,多雨。"

决风候

史记天官书:"正月旦,决八风。从南方来,大旱;西南,小旱;西方,有兵;西北,胡豆成①,趣兵;北方,为中岁;东北,为上岁;东方,大水;东南,民有疾疫,岁恶。"

①胡豆成:史记天官书作"戎菽为"。集解:"孟康曰:'戎菽,胡豆也。为,成也。'"

卜晴雨

占书:"元旦,清明而温,不风至暮,蚕善而米贱。若有疾风雨,折木发屋,扬沙走石,丝绵贵,蚕败,而谷不成。"

望气色

占书:"元旦,四面有黄云气,其岁大丰,四方普熟;有青气杂黄,有蝗虫;赤气,大旱;黑气,大水。"

秤江水

凤台麈史:"京师槐放花盛,则多河鱼疾。比北人乔麦熟,则早晚霜降,罔有差焉。江湖间常于岁除汲江水秤,与元日又秤,重则大水。"

观云霞

占书:"元旦,日初出时,有赤云如霞蔽日,蚕凶,绵帛贵;四面并有赤云,岁犹善,但小旱。"

认雷鸣

占书："元旦,雷鸣,禾黍麦善。"又云："元日雷雨者,下田与麦善,禾黍小熟。"

听人声

史记天官书："正月旦,听都邑人民之声。声宫,则岁善,吉;商,则有兵;徵,旱;羽,水;角,岁恶","然必察太岁所在:金,穰①;水,毁;木,饥;火,旱。此其大经也。"

①金穰:"穰",史记天官书作"穰",此误。又史记句前有"在"字。

受符禁

四时纂要："正月朔旦,宜受符禁。"

拜日月

唐书："新罗俗,以元旦拜日月。"

占丰歉

西阳杂俎："龟兹国①,十二月及元旦②,王及首领分为两朋,各出一人着甲,众人执瓦石棒杖,东西互击,甲人先死即止,以占当年丰歉。"

①龟兹国:酉阳杂俎卷四境异作"拔汗那",此误。

②十二月及元旦:本书末卷"龟兹戏乐"条引酉阳杂俎作"十二
月十九日"。

卜善恶

提要录:"西域宁远,每元日,王及首领判二朋,朋出一人,被甲
斗。众以瓦石相及,有死者止,以卜岁善恶。"

斗马驼

酉阳杂俎:"龟兹国,元日,斗羊马驼,为戏七日,观胜负,以占
一年羊马减耗繁息。婆罗遮,并服狗头猴面,男女无昼夜歌舞。"

来朝贺

皇朝东京梦华录:"正旦,驾坐大庆殿,诸国使人朝贺。大辽大
使顶金冠,后檐尖长,如大莲叶,服紫窄袍,金蹀躞;副使展裹金带
如汉服。大使拜则立左足,跪右足,以两手着右肩为一拜;副使拜
如汉仪。夏国使、副,皆金冠,短小样制,绯窄袍,金蹀躞,吊敦,皆
叉手展拜。高丽与南蕃交州使人,并如汉仪。回纥皆长髯高鼻,以
匹帛缠头,散披其服。于阗皆小金花毡笠,金丝战袍,束带,并妻男
同来,乘骆驼,毡兜铜铎入贡。三佛齐皆瘦脊缠头,绯衣,上织成佛

面。又有<u>南蛮</u>五姓番，皆堆髻乌毡，并如僧人礼拜，入见，旋赐<u>汉</u>装锦袄之类。更有<u>大理</u>、<u>真腊</u>、<u>大食</u>等国，亦有时来朝贺。”

改岁首

<u>贤己集</u>：“<u>唐南诏</u>以寅为正，四时大抵与中国同。又<u>环王</u>以二月为岁首。又<u>西赵蛮</u>以十二月为岁首，<u>西戎</u><u>东女国</u>以十一月为岁首，<u>西戎</u><u>末禄国</u>以五月为岁首。”

奶捏离

<u>武珪</u><u>燕北杂记</u>：“每正月一日，戎主以糯米饭、白羊髓相和为团，如拳大，于逐帐内各散四十九个。候五更三点，戎主等各于本帐内窗中掷米团在帐外。如得双数，当夜动蕃乐饮宴。如得只数，更不作乐，便令师巫十二人外边绕帐，撼铃执箭唱叫。于帐内诸火炉内爆盐，并烧地拍鼠，谓之惊鬼。本帐人第七日方出，乃禳度之法，番呼此谓之奶捏离，<u>汉</u>人译曰奶是丁，捏离是日。”

岁时广记

卷 八

立　春

玉泉记曰①:"立春之日,取宜阳金门竹为管,河内葭草为灰,以候阳气。"

①玉泉记:晋书引作"杨泉记",此误。按,晋书律历志上:"杨泉记云:'取弘农宜阳县金门山竹为管,河内葭莩为灰。'"又太平御览卷九六二引杨泉物理论:"宜阳金门竹为律管,河内葭为灰,可谓同气。(宜阳,洛州西北故县名。)"

出土牛

礼记月令:"季冬之月,命有司,大傩旁磔,出土牛,以送寒气。"注云:"出犹作也。作土牛者,丑为牛,牛可牵上①。送犹毕也。"月令章句云:"是月之会建丑,丑为牛,寒将极,故出其物类形像,以示送寒之意,且以升阳也。"

①牛可牵上:"上",礼记月令郑玄注作"止",此误。

送寒牛

后汉律历志:"季冬,立土牛六头于国都郡县城外丑地,以送大寒。"又礼仪志云:"立春之日,施土牛耕人于门外,以示兆民也。"

应时牛

论衡:"立春,为土象人,男女各二,秉耒锄。或立土象牛,土牛未必耕也,顺气应时,示率下也。"

示农牛

删定月令:"季冬,出土牛,以示农耕之早晚。说者谓若立春在十二月望前,策牛人近前,示农早也。月晦及正旦,则在中,示农平也。正月望,则近后,示农晚也。其成周之制乎?"

进春牛

皇朝东京梦华录:"立春前一日,开封府进春牛入于禁中鞭春。开封、祥符两县,置春牛于府前,四鼓,府僚鞭春讫,官属大合乐。燕饮讫,辨色,即入朝门谢春幡胜①。"

①即入朝门谢春幡胜:此经摘引,语意未明,按,东京梦华录卷六立春云:"春日,宰执、亲王、百官皆赐金银幡胜,入贺讫,戴归私第。"

鞭春牛

国朝会要:"令立春前五日,都邑并造土牛、耕夫、犁具于大门外之东。是日黎明,有司为坛,以祭先农。官吏各具彩仗,环击牛者三,所以示劝耕之意。"

争春牛

皇朝岁时杂记:"立春,鞭牛讫,庶民杂遝如堵,顷刻间分裂都尽。又相攘夺,以至毁伤身体者,岁岁有之。得牛肉者,其家宜蚕,亦治病。本草云:'春牛角上土,置户上,令人宜田。'"

买春牛

东京梦华录:"立春之节,开封府前左右,百姓卖小春牛,大者如猫许。清涂板而立牛其上,又或加以泥为乐工,为柳等物。其市在府南门外,近西至御街。贵家多驾安车就看,买去相赠遗。"

造春牛

嘉泰事类:"诸州县依形色造土牛、耕人,以立春日示众。倚郭县,不别造。"

送春牛

　　东京梦华录:"立春之日,凡在外州郡公库,造小春牛,分送诸厅。"岁时杂记云:"天下唯真定府土牛最大。"

评春牛

　　艺苑雌黄:"立春日,祀勾芒,决土牛,其来尚矣。然土牛有二说,一曰以送寒气,一曰以示农之早晚。予谓二说可合为一。土爱稼穑,牛者稼穑之具,故用之以劝农。冬则水用事,季冬建丑,寒气极矣,土实胜水,故用以送寒。古人制此,良有深意。"

绘春牛

　　提要录:"春牛之制,以太岁所属彩绘颜色,干神绘头,支神绘身,纳音绘尾足。如太岁甲子,甲属木,东方青色,则牛头青。子属水,北方黑色,则牛身黑。纳音属金,西方白色,尾足俱白。太岁庚午,则白头、赤身、黄足尾。他并以是推之,田家以此占水旱云。"谑词云:"捏个牛儿体态。按年令,旋拖五彩。鼓乐相迎,红裙捧拥,表一个、胜春节届。"

舁牧人

　　皇朝岁时杂记:"郡县每击春牛罢,民间争取其肉。唯牧牛人号<u>太岁</u>,皆不敢争,多是守土官异去,置土地庙中。<u>闽中</u>以牧人为大小哥,实勾芒神也。"

缠春杖

<u>岁时杂记</u>:"春杖子用五彩丝缠之,官吏人各二条,以鞭春牛。"<u>东坡</u>词云:"春牛春杖,无限春风来海上。"

立春幡

<u>续汉书礼仪志</u>:"立春之日,夜漏未尽五刻,京都百官皆衣青,郡国县官下至令史皆服青帻①,立青幡于门外。"<u>陈</u><u>徐陵新曲云</u>②:"立春历日自当新,正月春幡底须故。"

　①郡国县官下至令史:<u>续汉书</u>作"郡国县道官下至斗食令史"。按,<u>续汉书礼仪志</u>上:"立春之日,夜漏未尽五刻,京师百官皆衣青衣,郡国县道官下至斗食令史皆服青帻,立青幡,施土牛、耕人于门外,以示兆民,至立夏。"

　②陈徐陵新曲:"新曲",<u>文苑英华</u>卷二一一、<u>乐府诗集</u>卷七七作"杂曲"。按,<u>徐陵集校笺</u>卷一杂曲:"倾城得意已无俦,洞房连阁未消愁。宫中本造鸳鸯殿,为谁新起凤凰楼。绿黛红颜两相发,千娇百态情无歇。舞衫回袖胜春风,隔扇当窗似秋月。碧玉宫妓自翩妍,绛树新声最可怜。<u>张星</u>旧在<u>天河</u>上,从来<u>张</u>姓本连天。二八年时不忧度,旁边得宠谁相妒。立春历日自当新,正月春幡底须故。流苏锦帐挂香囊,织成罗幔隐灯光。只应私将琥珀枕,暝暝来

上珊瑚床。"

赐春幡

东京梦华录:"立春日,自郎官、御史、寺监长贰以上,皆赐春幡胜,以罗为之。宰执、亲王、近臣皆赐金银幡胜。入贺讫,戴归私第。"周美成内制春帖子云:"鸾辂青旂殿阁宽,祠官奠璧下春坛。晓开鱼钥朝衣集,彩胜飘扬百辟冠。"

簪春幡

提要录:"春日,刻青缯为小幡样,重累十馀,相连缀而簪之,亦汉之遗事也。"古词云:"彩缕幡儿花枝小。凤钗上、轻轻斜袅。"稼轩词云:"春已归来。看美人头上,袅袅春幡。"陈简斋春日诗云:"争新游女幡垂鬓。"山谷诗云:"邻娃似与春争道,酥酒花枝剪彩幡。"

赐春胜

文昌杂录:"唐制,立春日,赐三省官彩胜各有差,谢于紫宸门。"又续翰林志云:"立春,赐镂银饰彩胜之类。"

剪春胜

后汉书:"立春之日,皆立青幡。"今世或剪彩错缯为幡胜[1],以戴于首。杜台卿云："公卿之家,尤重此日,莫不镂刻金缯,加饰珠翠,或以金银,穷极工巧,交相遗问。"东坡诗云："分为纤手裁春胜,况有新诗点蜀酥。"

①今世或剪彩错缯为幡胜:此句以下至杜台卿云云,皆摘引宋庞元英文昌杂录语,见文昌杂录卷三。

剪春花

唐书:"景龙四年正月八日立春,上令侍臣自芳林门经苑东,度入仗至望春宫迎春。内出彩花树,人赐一枝,令学士赋诗。"宋之问立春咏剪彩花应制诗云："今年春色好,应为剪刀催。"又周美成内制帖云："明朝春仗当行乐,刻燕催花掷万金。"又赵彦若剪彩花诗云①："花随红意发,叶就绿情新。"

①赵彦若剪彩花诗:"赵彦若",文苑英华卷一六九、全唐诗卷一〇三并作"赵彦昭",此误。文苑英华卷一六九赵彦昭立春日侍宴内殿出剪彩花应制:"剪彩迎初候,攀条故写真。花随红意发,叶就绿情新。嫩色惊衔燕,轻香误采人。应为熏风拂,能令芳树春。"

戴春燕

荆楚岁时记:"立春日,悉剪彩为燕以戴之。"傅咸燕赋云："四气代王①,敬逆其始。彼应运而方臻②,乃设燕以迎止。羣轻翼之岐岐,若将飞而未起。何夫人之工巧,式仪形之有似。衔青书以赞

时,著宜春之嘉祉。"王沂公春帖子云:"彩燕迎春入鬓飞,轻寒未放
缕金衣。"又欧阳永叔云:"不惊树里禽初变,共喜钗头燕已来。"郑
毅夫云:"汉殿斗簪双彩燕,并知春色上钗头。"皆春日帖子句也。
曹松春诗云:"彩燕表年时。"又古词云:"钗头燕,妆台弄粉,梅额故
相夸。"

①四气代王:"王",荆楚岁时记杜公瞻注引傅咸燕赋作"至",
此误。

②彼应运而方臻:"方臻",同上书作"东方"。

为春鸡

文昌杂录:"唐岁时节物,立春则有彩胜、鸡、燕。"皇朝岁时杂
记云:"立春日,京师人皆以羽毛杂缯彩为春鸡、春燕。又卖春花、
春柳。"万俟公立春词云:"寒甚正前三五日,风将腊雪侵寅,彩鸡缕
燕已惊春。玉梅飞上苑,金柳动天津。"又春词云:"晓月楼头未雪
尽,乍破腊风传春信。彩鸡缕燕,珠幡玉胜,并归钗鬓。"

进春书

酉阳杂俎:"北朝妇人,立春,进春书,以青缯为帜,刻龙象衔
之,或为虾蟆。"

贴春字

荆楚岁时记:"立春日,贴'宜春'字于门。"王沂公皇帝阁立春

帖子云：“北陆凝阴尽，千门淑气新。年年金殿里，宝字贴宜春。”周美成内制春帖云：“夹辇司花百士人，绣楣琼璧写宜春。”

撰春帖

皇朝岁时杂记：“学士院，立春前一月撰皇帝、皇后、夫人阁门帖子，送后苑作院用，罗帛缕造，及期进入。前辈诸学士所撰，但宫词而已，及欧阳公入翰林，始伸规谏，后人率皆依仿之。端午亦然。或用古人诗，或后生拟撰。作为门帖，亦有用厌胜祷祠之言者。”隐居诗话云：“温成皇后初薨，会立春进帖子，是时欧阳、王瑀同在翰苑①，以其虚阁故不进。俄有旨令进温成阁帖子，欧阳未能成诗，王瑀遽口占一首云：‘昔闻海上有仙山，烟锁楼台日月闲。花下玉容长不老，只应春色胜人间。’欧公深叹其敏丽。”王瑀字禹玉。

①是时欧阳王瑀同在翰苑：“王瑀”，隐居诗话作“王珪”，此误。下同。按，苕溪渔隐丛话前集卷二八引隐居诗话作“王珪”。王珪字禹玉，东都事略卷八〇、宋史卷三一二有传。

请春词

司马文正公日录云：“翰林书待诏请春词，以立春日剪贴于禁中门帐。皇帝阁六篇，其一曰：‘自然天造与时新，根著浮沤一气均。万物不须雕刻巧，正如恭己布深仁。’皇后阁五篇，其一曰：‘春衣不用蕙兰薰，领缘无烦刺绣纹。曾在蚕宫亲织就，方知缕缕尽辛勤。’夫人阁四篇，其一曰：‘圣主终朝亲万机，燕居专事养希夷。千门永昼春岑寂,不用车前插竹枝。'"

赐春馔

皇朝岁时杂记:"立春前一日,大内出春盘并酒,以赐近臣。盘中生菜,染萝卜为之,装饰置奁中,烹豚、白熟饼、大环饼,比人家散子,其大十倍。民间亦以春盘相馈。有园者,园吏献花盘。"

作春饼

唐四时宝镜:"立春日,食芦菔、春饼、生菜,号春盘。"屏山先生次韵张守立春云:"晓院帘帏卷,春盘饼饵香。殷勤分彩胜,□□□□□①。"

①□□□□□:此句五字空格,屏山集作"为掩鬓边霜"。按,屏山集(宋刘子翚撰)卷一六次韵张守立春:"把酒酬佳节,遨头乐未央。池水犹涩肪,岸柳已笼墙。晓院帘帏卷,春盘饼饵香。殷勤分彩胜,为掩鬓边霜。"

馈春盘

摭遗:"东晋李鄂,立春日,命芦菔、芹芽为菜盘馈觊,江淮人多效之。"尔雅曰:"芦菔,即萝卜也。"古诗云:"芦菔白玉缕,生菜青丝盘。"老杜诗云:"春日春盘细生菜,忽忆两京梅发时。盘出高门行白玉,菜传纤手送青丝。"

食春菜

齐人月令:"凡立春日,食生菜不可过多,取迎新之意而已。"东坡诗云:"渐觉东风料峭寒,青蒿黄韭试春盘。"又云:"蓼茸蒿笋试春盘。"石学士春日诗云:"春菜红芽□,春盘黄雀花。"万俟雅言立春词:"春盘共钉饾,绕坐庆时新。"

设酥花

复雅歌词:"熙宁八年乙卯,杨绘在翰林。十二月立春日,肆筵,设滴酥花,陈汝羲即席赋减字木兰花云:'纤纤素手,盘里酥花新点就。对叶双心,别有东风意思深。琼沾粉缀,消得玉堂留客醉。试嗅清芳,别有红萝巧袖香。'"

酿柑酒

摭言:"安定郡王立春日作五辛盘,以黄柑酿酒,谓之'洞庭春色'。"东坡诗云:"辛盘得青韭,腊酒是黄柑。"又稼轩立春词云:"浑未辨、黄柑荐酒,更传青韭堆盘。"

飧冷淘

岁时杂记:"立春日,京师人家以韭黄、生菜食冷淘。"

进浆粥

<u>齐人月令</u>:"凡立春日,进浆粥,以导和气。"

尚烹豚

<u>岁时杂记</u>:"都人立春日尚食烹豚,为之暴贵。其膔切有细如丝者,用此为工巧,堂厨供诸公,各一拌。"

忌食虀

<u>岁时杂记</u>:"俗说立春日食虀者,至纳妇拜门日,腰间有声如嚼虀然,皆以为戒。"

浴蚕种

<u>博闻录</u>:"闽俗,以立春日,采五果枝并桑柘枝烧灰,淋水候冷,以浴蚕种藏之。或只以五果置灰汁中,亦得,但取其成实之义也。"

辟蚰蜒

<u>琐碎录</u>:"立春日,打春罢,取春牛泥撒檐下,蚰蜒不上。"

贮神水

治生要术：“立春日贮水，谓之神水，酿酒不坏。”

占气候

四时纂要：“立春日，鸡鸣丑时，艮上有黄气出，乃艮气也，宜大豆。艮气不至，万物不成。应在冲，冲乃七月也。”

验风雨

占书：“立春日，艮卦用事。艮风来，宜大豆。其日雨，伤五谷。”

望白云

修真入道秘言：“以立春日清朝北望，有紫绿白云者，为三元君三素云也。三元君以是日乘八舆之轮，上诣天帝。子候见当再拜，自陈‘某乙乞得给侍轮毂’三过，见元君之辇者，白日升天。”注云：“不见舆服之形，亦宜拜乞之。”岁时广记载此事。臣锴[1]：“举场尝试立春日望三素云诗，盖取此也。苏子容作皇太妃阁春帖子云：‘万年枝上看春色，三素云中望玉晨。’许冲元作皇帝阁春帖子云：‘三素飞云依北极，九农星正见南方。’”

[1]臣锴：苕溪渔隐诗话后集卷三五、诗话总龟后集卷五〇引艺

苑雌黄句下有"按"字。按，自修真入道秘言至苏子容、许冲元春帖子，悉属艺苑雌黄所引。惟"注云"二句乃艺苑雌黄所无，而"岁时广记载此事，臣镯按"云云，则无疑是艺苑雌黄语。

移芒儿

成都记："太平兴国二年冬，县司以春牛呈，知府就午门外安排，荐以香灯酒果。其芒儿塑之颇精，同判王洗马晦伯虑触损阙事，移置厅上。知府程给事晚忽见厅角有一土偶，问左右，对曰：'春牛芒儿。'遽令移出，仍问何人置此，欲罪之。对云：'乃同判指撝。'遂召同判过厅洎见①，谓曰：'上自开封府，中至刺史，下至县令，皆有衙厅，是行德教政令之所，其馀则公厅而已。某虽不才，忝为刺史。且芒儿者，耕垦之人，不合将上厅，乃不佳之兆，将来恐村夫辈或有不轨耳。'至甲午年，果顺贼之乱，乃其应焉。"

①遂召同判过厅洎见："洎"，新编分门古今类事卷一三引成都记作"相"，此误。

岁时广记

卷 九

人　日

北史魏收传曰:"魏孝静宴百僚,问何故名'人日',皆莫能知。魏收谢曰[1]:'晋议郎董勋问答礼俗云:正月一日为鸡,二日为狗,三日为猪,四日为羊,五日为牛,六日为马,七日为人。'时邢邵在侧,甚恶也。"

①魏收谢曰:"谢",北史魏收传作"对",此误。

最重人

董勋问礼俗曰:"正月一日为鸡,二日为狗,三日为猪,四日为羊,五日为牛,六日为马,七日为人。"则正旦画鸡于门,七日镂人户上,良为此也。予以意求之,正旦画鸡于门,谨始也,七日镂人户上,重人故也。

尤重谷

容斋五笔："东方朔占书：'岁后八日，一为鸡，二为犬，三为豕，四为羊，五为牛，六为马，七为人，八为谷。'谓其日晴，所主之物育，阴则灾。杜诗云：'元日到人日，未有不阴时。'用此也。八日为谷，所系尤重，而人罕知者，故书之。"

占禽兽

月令占候图曰："元首至八日，占禽兽。一日鸡，天清气朗，人安国泰，四夷远贡，天下丰熟。二日狗，无风雨，即大熟。三日猪，天晴朗，君安。四日羊，气色和暖，即无灾，臣顺君命。五日马，晴朗，四望无怨气，天下丰稔。六日牛，日月光明，即大熟。七日人，从旦至暮，日色晴明，夜见星辰，人民安，君臣和会。八日谷，如昼明，夜见星辰，五谷丰稔。"

验阴明

西清诗话："都人刘克穷该典籍，尝与客论杜子美人日诗，而云：'四百年中，惟子美与克会耳。'就架取书与客，曰：'此东方朔占书也。岁后八日，一日鸡，二日犬，三日豕，四日羊，五日牛，六日马，七日人，八日谷。其日晴明温暖，乃蕃息安泰之祥；阴寒惨冽，为疾病衰耗之兆。子美诗云："元日到人日，未有不阴时。"子美意谓天宝乱离，四方云扰幅裂，人物岁俱灾，岂春秋书"王正月"之意耶?'深得古人用心如此。又韩文公诗云:'初正候才兆,涉七气已弄。霭霭野浮阳,晖晖水披冻。'东坡诗云:'晓雨暗人日,春愁连上元。'"

镂金薄

荆楚岁时记:"正月七日,剪彩为人。或镂金薄为人以相遗。"刘臻妻陈氏进见仪云:"正月七日,上人胜于人。"李商隐人日即事云:"镂金作胜传荆俗,剪彩为人起晋风。"

剪华胜

董勋问礼俗:"人日,剪彩为人胜,帖屏风上,亦戴诸头鬓,像人入新年形容改新也。"陈无己诗云:"巧胜向人真奈老,衰颜从俗不宜新。"贺方回人日词云:"巧剪合欢罗胜子,钗头春意翩翩。"

效梅妆

宋书[①]:"武帝女寿阳公主,人日卧于含章殿檐下,梅花落公主额上,成五出花,拂之不去。皇后留之,看得几时,三日洗之乃落。宫人奇其异,竟效之,今人梅花妆是也。"章简公帖子云:"太极侍臣皆贺雪,含章公主正妆梅。"陈简斋墨梅诗云:"含章檐下春风雨[②],造化功成秋兔毫。"又梅花诗云:"同心不见昭仪种,五出时惊公主花。"

①宋书：<u>沈约</u>宋书不载<u>寿阳公</u>主事，此处引文应据<u>太平御览</u>卷九六九引<u>宋书</u>录入，此宋书或当为<u>徐爰</u>宋书。又<u>太平御览</u>卷三〇引杂五行书，文字与此悉同，恐即"梅花妆"事第一出处。

②含章檐下春风雨："雨"，<u>陈与义</u>集（<u>陈与义</u>字<u>去非</u>，号<u>简斋</u>）作"面"。按，<u>陈与义</u>集卷五和<u>张规臣</u>水墨梅五绝（其四）："含章檐下春风面，造化功成秋兔毫。意足不求颜色似，前身相马<u>九方皋</u>。"

造面茧

<u>岁时杂记</u>："人日，京都贵家造面茧，以肉或素馅，其实厚皮馒头馉馅也，名曰探官茧。又立春日作此，名探春茧。馅中置纸签，或削木书官品，人自探取，贵人或使从者。以卜异时官品高下。街市前期卖探官纸，言多鄙俚，或选取古今名人警策句，可以占前程者，然亦但举其吉祥之词耳。灯夕亦然。"<u>欧阳公</u>诗云①："来时擘茧正探官。"

①欧阳公诗云：按，<u>宋梅尧臣</u>撰宛陵集卷五一和永叔内翰："来时擘茧正探官，走马传宣夹路看。便锁青春辞上阁，徒知白日近<u>长安</u>。思归有梦同谁说，强意题诗只自宽。犹喜共量天下士，亦胜<u>东野</u>亦胜<u>韩</u>。"又<u>欧阳修</u>归田录卷二："<u>圣俞</u>自<u>天圣</u>中与余为诗友，余尝赠以<u>蟠桃</u>诗，有<u>韩</u>、<u>孟</u>之戏，故至此<u>梅</u>赠余云：'犹喜共量天下士，亦胜<u>东野</u>亦胜<u>韩</u>。'"据此，"来时擘茧正探官"乃<u>梅尧臣</u>诗，此误。

食煎饼

述征记:"北人以人日食煎饼于庭中,俗云薰天,未知所从出也。"

进节料

唐六典:"膳部有节日食料,谓正月七日,煎饼。"又文昌杂录云:"唐岁时节物,人日则有煎饼。"

为菜羹

荆楚岁时记:"人日,以七种菜为羹。"

服麻豆

肘后方:"正月七日,吞麻子、小豆各二七粒,消疾疫。"

上君寿

寿阳记:"正月七日,宋王登望仙楼,会群臣父老,集于城下,令皆饮一爵,文武千人,拜贺上寿。"

劳卿至

唐刘𫗧传记:"魏郑公尝出行,以正月七日谒见,太宗劳之曰:'今日卿至,可谓人日。'"

宴群臣

谈薮:"北齐高祖,正月七日,升高宴群臣。问曰:'何故名人日?'魏收对以'董勋问俗:正月一日为鸡,七日为人'。"

赐彩胜

景龙文馆记:"中宗景龙四年正月七日,宴大明殿,赐王公以下彩胜。"

诏赋诗

景龙文馆记:"三年正月七日,上御清辉阁,令学士赋诗,云:'青阳既兆人为日[①]。'"

①青阳既兆人为日:一作"青韶既肇人为日"。按,白孔六帖卷四"青韶既肇人为日"条注:"景龙文馆记人日诗"。又文苑英华卷一七二韦元旦人日:"鸾凤旂旃拂晓陈,鱼龙角觝大明辰。青韶既肇人为日,绮胜初成日作人。圣藻陵高裁柏赋,仙歌促宴摘梅春。垂旒一庆宜年酒,朝野俱欢献寿新。"

著假令

艺苑雌黄云：“古今著令，自元日以后，唯人日有假。”

侍御宴

隋书①：“杨休之正月七日登高侍宴②，赋诗云：‘广殿丽年年③，上林起春色。风生拂雕辇，云回浮绮翼。’”

①隋书：“书”字当属衍文。按，隋书不载此事，而艺文类聚卷四引此诗称“隋阳休之人日登高侍宴诗”。

②杨休之：当作“阳休之”，此误。按，阳休之（509—582）字子烈，仕北齐为中书监。齐亡入周，为和州刺史。隋初罢任，卒于洛阳。北齐书卷四二、北史卷四七并有传。

③广殿丽年年：“年年”，艺文类聚卷四、太平御览卷三〇作“年辉”。按，艺文类聚卷四引隋阳休之人日登高侍宴：“广殿丽年辉，上林起春色。风生拂雕辇，云回浮绮翼。”

登仁峰

郭缘生述征记：“寿张县安仁峰，魏东平王苍凿山顶为会望处①，以正月七日登峰。李充铭之曰：‘正月元七，厥日惟人②。策我良驷，陟彼安仁。’”

①魏东平王苍：当作“魏东平王翕”，此误。按，荆楚岁时记“正

月七日为人日"下杜公瞻注引郭缘生述征记:"魏东平王翕,七日,
登寿张县安仁山,凿山顶为会望处,刻铭于壁,文字犹在。铭云:
'正月七日,厥日为人。策我良驷,陟彼安仁。'"又按,三国志魏书
武文世王公传:"东平灵王徽,奉叔父朗陵哀侯玉后。建安二十二
年,封历城侯。黄初二年,进爵为公。三年,为庐江王。四年,徙封
寿张王","太和六年,改封东平","正始三年薨。子翕嗣。"

②厥日惟人:"惟",同上书作"为"。

立义楼

寿阳记:"赵伯符为豫州刺史,立义楼,每元日、人日、七夕、月
半,乃于楼上作乐,楼下男女,盛饰游观行乐。"

升西山

晋李充正月七日登剡西寺,赋诗云:"命驾升西山,寓目眺
原畴。"

谒真君

岁时杂记:"每月三、七日,士庶拜谒醴泉观真君。正月七日,
人盛,仍争趁第一炉香。"

授经诀

北斗经:"尔时太清天中大圣老君,以永寿元年正月七日,授与天师北斗本命经诀,广宣要法,作人舟船,津梁男女,普济众生,使不失人路。"

述道要

天师二十四化记:"玉局化在益州城南门①,周回百步。汉桓帝永寿元年正月七日,天师与老君自鹤鸣山来息此。时地上忽涌出玉局玉床,方广一丈。老君升座,重述道要,却自升天,玉局陷入地中。"东坡诗云:"剑阙西望七千里②,乘兴真为玉局游。"

①玉局化在益州城南门:"玉局化",云笈七签作"玉局治"。按,云笈七签卷二八二十八治:"第七玉局治,在成都南门内,以汉永寿元年正月七日。太上老君乘白鹿,张天师乘白鹤来至此,坐局脚玉床,即名玉局治也。治应鬼宿,千丈大人发之,治王三世。"

②剑阙西望七千里:"阙",一作"关"。按,苏轼诗集卷二五过岭二首(其一):"暂着南冠不到头,却随北雁与归休。平生不作兔三窟,今古何殊貉一丘。当日无人送临贺,至今有庙祀潮州。剑关西望七千里,乘兴真为玉局游。"

建善功

正一旨要:"正月七日上元,天官三宫九府三十六曹同地、水二官六宫十八府,同考罪福。此日大宜斋醮,建置善功。"

宜斋戒

杂五行书:"正月七日上会日,可斋戒早起,男吞小豆七粒,女二七粒,一年不病。"

送穷鬼

岁时杂记:"人日前一日,扫聚粪帚,人未行时,以煎饼七枚覆其上,弃之通衢,以送穷。"石曼卿送穷诗云:"世人贪利意非均,交送穷愁与底人?穷鬼无归于我去,我心忧道不忧贫。"

得旧诗

杜甫人日草堂即事诗序:"开文书帙中,检所遗忘,因得故常侍高适往岁在成都时任蜀州刺史人日相忆见寄诗,泪洒行间,读终篇末,自作诗已十馀年[1],莫记存亡又六七年矣。老病怀旧,生意可知。"诗云:"自蒙蜀州人日作,不意清明久零落[2]。今晨散帙眼忽开,迸泪幽吟事如昨。"

[1]自作诗已十馀年:"作",九家注杜诗卷一五、集千家注杜工部诗集卷二〇、杜诗详注卷二三并作"枉"。按,杜诗详注卷二三追酬故高蜀州人日见寄(并序):"开文书帙中,检所遗忘,因得故高常侍适往居在成都时高任蜀州刺史人日相忆见寄诗,泪洒行间,读终

篇末，自杜诗已十餘年，莫记存没又六七年矣。老病怀旧，生意可知。今海内忘形故人，独<u>汉中王瑀</u>与<u>昭州敬使君超</u>先在，爱而不见，情见乎辞。<u>大历五年正月二十一日</u>却追酬<u>高公</u>此作，因寄<u>王</u>及<u>敬弟</u>。　自蒙<u>蜀州</u>人日作，不意清诗久零落。今晨散帙眼忽开，迸泪幽吟事如昨。（下略）"

②不意清明久零落："清明"，<u>九家注杜诗</u>卷一五、<u>集千家注杜工部诗集</u>卷二〇、<u>杜诗详注</u>卷二三作"清诗"，此误。见上注。

括新词

古今词话："<u>白云先生</u>之子<u>张才翁</u>，风韵不羁，敏于词赋。初任<u>临邛</u>秋官，<u>邛</u>守<u>张公庠</u>不知之，待之不厚。<u>临邛</u>故事，正月七日有<u>白鹤</u>之游，郡守率属官同往，而<u>才翁</u>不预焉。<u>才翁</u>密语官妓<u>杨皎</u>曰：'此老子到彼，必有诗词，可速寄来。'<u>公庠</u>既到<u>白鹤</u>，登信美亭，便留题曰：'初眠官柳未成阴，马上聊为拥鼻吟。远宦情怀销壮志，好花时节负归心。别离长恨人南北，会合休辞酒浅深。欲把春愁闲抖擞，乱山高处一登临。'<u>杨皎</u>录此诗以寄，<u>才翁</u>得诗，即时增减作雨中花一阕，以遗<u>杨皎</u>，使<u>皎</u>调歌之，曰：'万缕青青，初眠官柳，向人犹未成阴。据征鞍无语，拥鼻微吟。远宦情怀谁问？空劳壮志销沉①。好花时节，山城留滞，又负归心。　别离万里，飘蓬无定，谁念会合难凭。相聚里、莫辞金盏酒还深②。欲把春愁抖擞，春愁转更难禁。乱山高处，凭栏垂袖，聊寄登临。'<u>公庠</u>再坐晚筵，<u>皎</u>歌于<u>公庠</u>侧，<u>公庠</u>怪而问。<u>皎</u>进禀曰：'<u>张司理</u>恰寄来。'令<u>杨皎</u>歌之，以献台座。<u>公庠</u>遂青顾<u>才翁</u>，尤加礼焉。"

①空劳壮志销沉:"销沉",花草粹编(明陈耀文编)卷一九作"销凝"。

②莫辞金盏酒还深:同上书作"莫辞金盏,酒浅还深"。

岁时广记

卷 十

上　元 上

　　吕原明岁时杂记曰:"道家以正月十五日为上元。"洪迈舍
人容斋五笔云^①:"上元张灯。太平御览所载史记乐书曰:'汉
家祀太一,以昏时祠到明。今人正月望日夜游观灯,是其遗
事。'而今史记无此文。"提要录云^②:"梁简文帝有列灯^③,陈后主
有光壁殿遥咏山灯诗。唐明皇先天中,东都设灯。文宗开成中,
以灯迎三宫^④。是则唐以前岁不常设。"烧灯故事,多出佛书。

　　①容斋五笔云:"五笔",按此处引文见容斋随笔三笔卷一
"上元张灯"条,此误。

　　②提要录云:提要录所引,或当出于春明退朝录(宋宋敏
求撰)。按,春明退朝录卷中:"上元然镫,或云沿汉祠太一自
昏至昼故事。梁简文帝有列镫赋,陈后主有光壁殿遥咏山镫
诗。唐明皇先天中,东都设镫,文宗开成中,建镫迎三宫太后,
是则唐以前岁不常设。本朝太宗时,三元不禁夜,上元御乾元
门,中元、下元御东华门。后罢中元、下元二节,而初元游观之

盛,冠于前代。"

③列灯:同上书作"列灯赋",此脱"赋"字。按,梁简文帝列灯赋今见艺文类聚卷八〇,文繁不录。

④迎三宫:同上书句后有"太后"二字。见前注。

敕燃灯

僧史略:"太平兴国六年,敕燃灯放夜,为著令①。"

①为著令:僧史略作"著于格令焉"。按,大宋僧史略卷下上元放灯:"我大宋太平兴国六年,敕下元亦放灯三夜,为军民祈福,供养天地辰象佛道。三元俱然灯放夜,自此为始,著于格令焉。"

请燃灯

唐书严挺之传:"睿宗先天二年正月望夜,胡人婆陁请于玄武楼外,燃百千灯供佛,纵都民出观。"

九华灯

西京杂记:"元夜,燃九华灯于南山上,照见百里。"杜甫诗云:"紫殿九华灯。"

百枝灯

天宝遗事:"韩国夫人置百枝灯树,高八十尺,竖之高山。上元点之,百里皆见,光明夺月色也。"

千炬烛

天宝遗事:"杨国忠子弟,每至上元夜,各有千炬烛围绕于左右。"

三夜灯

古今诗话:"正月望夜,许三夜金吾弛禁,察其寺观及前后街巷,要盛造灯笼烧灯,光明若昼,山棚高百馀尺。神龙已后,复加严饰,士女无不夜游,罕有居者。车马塞路,有足不蹑地,被浮行数十步者。王公之家,皆数百骑行歌。苏味道诗云:'火树银花合,星桥铁锁开。暗尘随马去,明月逐人来。游骑皆秾李,行歌尽落梅。金吾不禁夜,玉漏莫相催。'郭利正诗云:'九陌连灯影,千门度月华。倾城出宝骑,匝路转香车。烂漫惟愁晓,周旋不问家。更闻清管发,处处落梅花。'"

四夜灯

岁时杂记:"张乖崖帅蜀,增十三日一夜灯,谓之挂搭,不敢明言四夜灯。三数年来,杭、益先为五更观灯,尔后诸郡,但公帑民力可办者,多至五夜。"

五夜灯

国朝会要:"乾德五年诏:'朝廷无事,区宇咸宁。况年谷之屡丰,宜士民之纵乐。上元可更增两夜,起于十四,止于十八。'自后,十六日开封府以旧例,奏请增放两夜。"又赵德璘侯鲭录云:"京师上元旧例,放灯三夕。钱氏纳土,进金钱买两夜,今十七、十八夜是也。"本事词载,宣和盛时,京师宫禁五夜上元灯。少监张仲宗上元词云:"长记宫中,五夜东风鼓吹。"

弛禁夜

唐西京新记:"京师街衢有金吾,晓暝传呼,以禁夜行。唯正月十五日夜,敕许金吾弛禁,前后各一日,以看灯。"上元词云:"金吾不禁元宵,漏声更莫催晓。"又古词云:"况今宵好景,金吾不禁,玉漏休催。"

不禁夜

春明退朝录:"本朝太宗时,三元不禁夜。上元御乾元门,中元、下元御东华门,而上元游观独盛,冠于前代。"吕原明岁时杂记云:"真宗以前,御东华门,或御角楼。自仁宗来,唯御正阳门。即宣德门。"

开坊门

南史①："朱梁开平中,上元诏:'开坊门三夜。'"

①南史:疑误。按,南史八十卷,所记有南朝萧梁史,而此言"朱梁",则指五代后梁,"开平"亦后梁太祖朱温年号(907—910)。宋薛居正旧五代史和欧阳修新五代史开篇皆为朱梁史。又事物纪原(宋高承撰)卷八"放夜"条:"唐睿宗先天二年正月望,初弛门禁。玄宗天宝六年正月十八日,诏重门夜开,以达阳气。朱梁开平中,诏开坊门三夜。"

开重门

唐实录:"睿宗先天二年正月望夜,初弛门禁。玄宗天宝六年正月十八日,诏重门夜开,以达阳气。"

作灯轮

朝野佥载:"唐睿宗先天二年正月十五、十六夜,于京安福门外作灯轮①,高二十丈,衣以锦绣,饰以金银,燃五万盏灯,竖之如花树②。宫女千数,衣罗绮,曳锦绣,耀珠翠,施香粉。一花冠、一巾帔不下万钱,装束一妓女皆至三百贯。妙简长安、万年少女妇千馀人,衣服、花钗、媚子称是③,于灯轮下踏歌三日夜,欢乐之极,未始有之。"

①于京安福门外："京"，朝野佥载卷三作"京师"。

②竖之如花树："竖"，朝野佥载作"簇"。

③衣服花钗媚子称是：朝野佥载"称是"前有"亦"字。

结彩楼

广德神异录："唐玄宗于正月十五夜，移仗上阳宫，大陈影灯，设庭燎，自禁中至殿庭①，皆设腊炬，连属不绝，洞照宫室，荧煌如昼。时有尚方都匠毛顺，心多巧思，结缔缯彩，为灯楼二十间，高一百五十尺，悬以珠玉金银，微风一至，锵然成韵。仍以灯为龙凤虎豹腾跃之状，似非人力。"

①自禁中至殿庭：太平广记卷七七"叶法善"条引广德神异录作"自禁门望殿门"。

缚山棚

皇朝东京梦华录："正月十五日元宵，大内前自岁前冬至后，开封府绞缚山棚，立木正对宣德楼，游人已集御街两廊下。奇术异能，歌舞百戏，鳞鳞相切，乐声嘈杂十馀里，击丸蹴鞠，踏索上竿，赵野人倒喫冷淘，张九哥吞铁剑，李外宁药法傀儡，小健儿吐五色水，旋烧泥丸子，大特落灰药，榾柮儿杂剧，温大头、小曹嵇琴，党千箫管，孙四烧炼药方，王十二作剧术，邹遇田地广杂扮，苏十、孟宣筑球，尹常卖五代史，刘伯禽虫蚁，杨文秀鼓笛。更有猴呈百戏，鱼跳刀门，使唤蝶蜂，追呼蝼蚁，其馀卖药卖卦，沙书地谜，奇巧百端，日新耳目。至正月七日,外国人使朝辞出门,灯山上彩,金碧相射,锦绣交辉。面北悉以彩结,山沓上皆画神仙故事。或坊市卖药卖卦之人,横列三门,各有彩结金书大牌,中曰'都门道',左右曰'左右禁卫之门',上有大牌曰'宣和与民同乐彩山'。以彩结文殊、普贤,跨狮子、白象,各以手指出水五道,其手摇动。用辘轳绞水上灯山尖高处,用木柜贮之,逐时放下,如瀑布状。又于左右门上,各以草把缚成戏龙之状,用青布遮笼草上,密置灯烛数万盏,望之蜿蜒如双龙飞走。山东西旁,又为龙象积百千灯,以绛纱笼之。"梅圣俞诗有"烛龙御火夜珠还"之句,又云"火龙蹯蹯红波翻"。"自灯山至宣德门横大街,约百馀丈,用棘刺围绕,谓之'棘盆',内设两长竿,高数十丈,以缯彩结束,纸糊百戏人物,悬于竿上,风动宛若飞仙。内设乐棚,差衙前乐人作杂戏动乐,并左右军百戏在其中,驾坐,一时呈拽。宣德楼上,皆垂黄绿帘,中一位乃御座,用黄罗设一彩棚,御龙直执黄盖掌扇,列于帘外。两朵楼各挂灯球一枚,约方圆丈馀,内燃椽烛。帘内亦作乐,宫嫔嬉笑之声,下闻于外。楼下用枋木垒成露台一所,彩结栏槛,两边皆禁卫排立。乐棚、教坊、钧容直、露台子弟,更互杂戏。万姓皆在露台下观看,乐人时引万姓山呼。"梅圣俞诗云:"露台鼓吹声不休①,腰鼓百回红臂韝。先打六么后梁州,棚帘夹道多夭柔。"又彭器资上元诗云:"楼前乐奏九成曲,楼下人呼万岁声。"

①露台鼓吹声不休:"鼓吹",宛陵集(宋梅尧臣撰)卷五一莫登楼诗作"歌吹"。

立棘盆

皇朝岁时杂记:"阙下灯山前为大乐场,编棘为垣,以节观者,谓之'棘盆'。山棚上,棘盆中,皆以木为仙佛人物、车马之像。又左右厢尽集名娼,立山棚上。开封府奏衙前乐,选诸绝艺者,在棘盆中,飞丸走索,缘竿掷剑之类。每岁正月十一日或十二日、十四日,车驾出时,虽驾前未作乐,然山棚、棘盆中百戏皆作。昼漏尽,上乘平头辇从寺观出,由驰道入穿山楼下过,卫士皆戴花,钩容、教坊乐导从,山楼上下皆震作。至棘盆中,回舆南向,人人竭尽其长,旨召精绝至辇前优赐,其馀等级沾赉。从官亦从山楼中过至棘盆中,分左右出,辇从露台侧迁过,辟宣德中阘而入。丞相晏公诗云:'金翠光中宝焰繁,山楼高下鼓声喧。两军伎女轻如鹊,百尺竿头电线翻。'至尊时御看位,内门司御药、知省、太尉悉在帘前,用弟子三五人祗应。棘盆照耀,有同白日。仕女观者,中贵邀住赐酒一金杯。当时有夫妇并游者,忽宣传声急,夫不获进,其妇蒙赐饮罢,辄怀其杯,进谢恩词一阕,名鹧鸪天:'灯火楼台处处新,笑携郎手御街行。回头忽听传呼急,不觉鸳鸯两处分。 天表近,帝恩荣,琼浆饮罢脸生春。归来恐被儿夫怪,愿赐金杯作证明。'上览词,命赐之。"

观灯山

东京梦华录:"正月十四日,车驾幸五岳观迎祥池,至晚,还内围子。亲从官皆顶球头大帽,簪花,红锦团答戏狮子衫,金镀天王腰带,数重骨朵。天武官皆顶双卷脚幞头,紫上大搭天鹅结带宽衫。殿前班顶两脚屈曲向后花装幞头,着绯青紫三色撚金线结带,望仙花袍,跨弓剑,乘马,一札鞍辔,缨绯前导。御龙直一脚指天、一脚圈曲幞头,着红方胜锦袄子,看带束带,执御从物、金交椅、唾盂、水罐、果垒、掌扇、缨绯之类。御椅子皆黄罗,珠蹙背座则亲从官执之。诸班直皆幞头、锦袄、束带。每常驾出,有红纱帖金烛笼一百对,元夕加以琉璃玉柱掌扇灯。快行家各执红纱珠络灯笼。驾将至,则围子外有一人捧月样兀子锦,覆于马上。天武官十馀人,簇拥扶策,喝曰:'看驾头!'次有吏部小使臣百馀人,皆公裳执珠络球杖,乘马听唤。近侍馀官皆服紫绯绿公服,三衙、太尉、知阁、御带罗列前导。两边皆内等子,选诸军膂力者,着锦袄顶帽,握拳顾望。有高声者,捶之流血。教坊、钧容直、乐部前引,驾后诸班直马队作乐。驾后围子外,左前宰执、侍从,右则亲王、宗室、南班官,驾近则列横门十馀人击鞭。驾后有曲柄小红绣伞,亦殿侍执坐马上。驾入灯山,御辇院人员辇前喝:'随竿媚来!'御辇团转一遭,倒行观灯山,谓之'鹁鸽旋',又谓之'踏五花儿',则辇官有喝赐矣。驾登<u>宣德楼</u>,游人奔赴露台下。十五日,驾诣<u>上清宫</u>,至晚还内。"御制<u>胜胜慢</u>词云:"宫梅粉淡,岸柳金匀,皇都乍庆春回。凤阙端门,<u>端门</u>,<u>宣德门</u>也。鳌山彩结蓬莱。沉沉洞天向晚,宝舆还、花满钧台。谁将金莲①,陆地匀开②。 是处箫鼓声沸③,雕鞍趁④,金轮隐隐轻雷。万家罗幕,千步锦绣相挨。蟾光夜色如昼⑤,共成欢⑥、争忍归来。疏钟断、听行歌、犹在禁街。"

①谁将金莲:<u>乐府雅词</u>拾遗卷上(<u>全宋词</u>第二册第八九六页)作"轻烟里、算谁将金莲"。

②陆地匀开："匀"同上书作"齐"。

③是处箫鼓声沸：同上书作"触处笙歌鼎沸"。

④雕鞍趁："雕鞍"，同上书作"香鞯"。

⑤蟾光夜色如昼："蟾光夜色"，同上书作"银蟾皓月"。

⑥共成欢："成"，同上书作"乘"，此误。

赡御表

东京梦华录："正月十六日，车驾不出。自进早膳讫，登门，乐作，卷帘，御座临轩。宣百姓先到门下者，得瞻见天表，小帽红袍，独卓子。左右近侍、帘外伞扇执事之人，须臾下帘，则乐作，纵万姓游赏。华灯宝烛，月色花光，霏雾融融，洞烛远近。至三鼓，楼上以小红纱灯球缘索而至半空，都人皆知车驾还内矣。须臾，闻楼外击鞭之声，则山楼上下灯烛数十万盏，一时灭矣。于是贵家车马，自内前鳞切悉南去游相国寺。诸门皆有官中乐棚，万街千巷，尽皆繁盛。每一坊巷口无乐棚去处，多设小影戏棚子，以防本坊游人小儿相失，以引聚之。殿前班在禁中右掖门里，则相对右掖门设一乐棚，放本班家口登皇城观看，宫中有宣赐茶酒妆粉钱之类①。诸营班院于法不得夜游，各以竹竿出灯球于半空，远近高低，若飞星焉。阡陌纵横，城闉不禁。别有深坊小巷，绣额珠帘，巧制新妆，竞夸华丽。春情荡飏，酒兴融怡，雅会幽欢，寸阴可惜，景色浩闹，不觉更阑。宝骑骎骎，香尘辘辘，五陵年少，满路行歌，万户千门，笙簧未彻。"自古太平之盛，未有斯也。拾遗词中有绛都春慢云："融和又报。乍瑞霭霁开，皇都春早。翠幰竞飞，玉勒争驰都门道。鳌山彩结蓬莱岛。向晚②、双龙衔照。绛绡楼上,琼芝盖底,仰瞻天表。飘渺。风传帝乐,庆三殿共赏,群仙同到。迤逦御香,飘落人间闻嬉笑③。须臾一点星球小。隐隐④、鸣鞘声杳。游人月下归来,洞天未晓。"

①宫中有宣赐茶酒妆粉钱之类:"宫中",东京梦华录卷六作"官中",此误。

②向晚:草堂诗馀卷上(全宋词第一册第三七一页)丁仙现绛都春(上元)句后有"色"字。

③飘落人间闻嬉笑:"落",同上书作"满"。

④隐隐:同上书句前有"渐"字。

赐御筵

岁时杂记:"祖宗以来,每灯夕,命辅臣诣太一焚香,赐会寺中,或大臣私第。自仁宗以来,专在景德。嘉祐中,曹相公恳请诸公迁就开化一次。元丰末,王丞相就宝梵行香厅作御筵,后又迁在开宝。元祐中,又于启圣,皆出临时主席之意。宣和间,上元赐观灯御筵,范左丞致虚进满庭芳慢一阕云:'紫禁寒轻,瑶津冰泮,丽月光射千门。万年枝上,甘露惹祥氛。北阙华灯预赏,嬉游盛、丝管纷纷。东风峭,雪残梅瘦,烟锁凤城春。 风光何处好,彩山万仞,宝炬凌云。尽欢陪舜乐,喜赞尧仁。天子千秋万岁,征招宴、宰府师臣。君恩重,年年此夜,长祝奉嘉辰①。'御制同韵赐范左丞序云:'上元赐公师宰执观灯御筵,遵故事也。卿初获御坐,以满庭芳词来上,因俯同其韵以赐。'词云:'寰海清夷,元宵游豫,为开临御端门。暖风摇曳,香气霭轻氛。十万钧陈灿锦,钓台外、罗绮缤纷。欢声里,烛龙衔耀,黼藻太平春。 灵鳌擎彩岫,冰轮远驾,初上祥云。照万宇嬉游,一视同仁。更喜维垣大第[2],通宵燕、调爕良臣。从兹庆,都俞赓载,千岁乐昌辰。'"

①长祝奉嘉辰:"奉",全宋词引范致虚此词作"本"(第二册第六九四页)。

②更喜维垣大第:"喜",同上书作"起"。

御赐宴

庐陵居士集[1]:"嘉祐八年上元夜,赐中书、枢密院筵于相国寺罗汉院。国朝之制,岁时赐宴多矣。自两制已上皆与,惟上元一夕,只赐中书、枢密院。虽前两府见任使相,皆不得与。是岁昭文韩相、集贤曾公、枢密张太尉皆在假不赴,惟余与西厅赵侍郎概、副枢胡谏议宿、吴谏议奎四人在席。酒半相顾,四人皆同时翰林学士,相继登二府,前此未有也。因相与道玉堂旧事为笑乐,皆引满剧饮,亦一时之盛事也。"

①庐陵居士集:按此处引文见欧阳修归田录卷下,即欧阳文忠公集卷一二七,不属于居士集。

乘仙鹤

皇朝岁时杂记:"阙下前上元数月,有司砻治端楼,增丹雘之饰。至正月初十日，帘幕帷幄帘绶及诸什物皆备。十四日，登楼，近臣侍坐。酒行五，上有所令，下有所禀之事，皆以仙人执书乘鹤，以彩绳升降出纳。王都尉作换遍歌头云：'雪霁轻尘敛，好风初报柳。春寒浅、当三五。是处鳌山耸，金羁宝乘，游赏遍蓬壶。向黄昏时候。对双龙阙门前，皓月华灯射，变清昼。　彩凤低衔天语。承宣诏传呼。飞上层霄，共陪霞觞频举。更渐阑，正回路。遥拥车佩珊珊，笼纱满香衢。指凤楼、相将醉归去。'"

飞金凤

东京梦华录："正月十六日，车驾登门作乐，纵万姓游赏。两朵楼相对，左楼相对郓王以次彩棚幕次，右楼相对蔡太师以次执政戚里幕次。时复自楼上有金凤飞下诸幕次，宣赐不辍。诸幕次中，家妓竞奏新声，与山棚、露台上下乐声鼎沸。西朵楼下，开封尹弹压，幕次罗列罪人满前，时复决遣，以警愚民。楼上时传口敕，特令放罪。"

备御唤

东京梦华录："宣和间，自十二月，于晨辉门外，设主上看位一所。前以荆棘围绕，周回约五七十步。都人卖鹌鹑、骨饳儿、圆子、锤拍、白肠、水晶鲙、科头细粉旋、炒栗子、银杏、盐豉汤、鸡段、金橘、橄榄、龙眼、荔枝，诸般市合，团团密摆，准备御前索唤。直至上元，谓之'预赏'。"

拆山楼

岁时杂记："正月十八夜，谓之收灯。诸神御殿献曲，彩楼最后，一曲毕，多就拆之。阙前山楼，十八日辇声归内，亦稍稍解去。晏相正月十九日诗云：'楼台寂寞收灯夜[1]，里巷萧条扫雪天。'又云：'星逐绮罗沉晚色[2]，月随歌舞下层台。千蹄万毂无寻处，只是华胥一梦回。'"

①楼台寂寞收灯夜："寂寞"，竹庄诗话卷一八晏殊正月十八夜作"冷落"。

②星逐绮罗沉晚色：此为晏殊正月十九日京邑上元收灯日诗，岁时杂咏卷八引之颇有异文，录以备考："星逐绮罗沉曙色，月随丝管下层楼。千轮万毂无寻处，只似华胥一梦回。"

州郡灯

岁时杂记："灯夕，外郡唯杭、苏、温华侈尤甚。自非贫人，家家设灯，有极精丽者。浙西大率以琉璃灯为主。苏州卖药朱家灯烛之盛，号天下第一。以琉璃肖物之形，如牡丹、莲花、曼陀罗，又盆中莲荷、车舆、瓶钵、屏风、帐幔、挂衣、佛塔、转藏、鬼子母等像，皆以琉璃为之。亦用云母石为灯及缯楮等，品类繁夥，而皆琉璃掩其名焉。成都府灯山或过于阙前，上为飞桥、山亭。太守以次，止三数人，历诸亭榭，各数杯乃下，从僚属饮棚前。如京师棘盆处，缉木为垣，其中旋植花卉，旧日捕山禽杂兽满其中，后止图刻土木为之。蜀人性不兢，以次登垣，旋绕观览。"

公用灯

岁时杂记："上元,诸官府前期堂厨公帑供诸厅灯,三省、枢密院,开封外供。旧日出于衙校及行户,后来但出公库。天下莫盛于温州,熙宁前,温州供太守堂内绢灯至千盏。"

竹篥灯

岁时杂记："上元灯篥之制:以竹一本,其上破之为二十条,或十六条。每二条以麻合,系其梢,而弯屈其中,以纸糊之,则成莲花一叶。每二叶相压,则成莲花盛开之状。爇灯其中,旁插蒲棒、荷叶、剪刀草于花之下。唯都人能为,近瓯、浙间亦有效之者。今禁城上团团皆植灯篥,犹用此制。"

裹球灯

岁时杂记："上元裹灯,设机关于灯球之内,以安灯盏,大率用裹香球制度。外郡多为之。太守观灯,使人预于马前斡旋,以运转无穷,而其中初未尝动,其膏油不滟,其烽焰不阁云。"

坐车灯

岁时杂记："都人上元作坐车钩挂灯,大率仿灯笼、灯球之类,但不可用火,特以饰车尔。其精纤华焕,天下不能为。又用缯蜡刻名花,以间厕之。"

黄龙灯

影灯记:"元夜,唐元宗于常春殿临光宴,为白鹭转花、黄龙吐水、金凫银燕、浮光洞、攒星阁,皆灯也。奏月分光曲。"

寺院灯

东京梦华录:"元夕,相国寺大殿前设乐棚,诸军作乐。两廊有诗牌灯,云:'天碧银河欲下来,月华如水浸楼台。'又云:'火树银花合,星桥铁锁开。'牌以木为之,雕镂成字,以纱绢幂之于内,密燃其灯,相次排定,亦可爱赏。资圣阁前安顿佛牙,设以水灯,皆系戚里贵近占设看位①。就中九子母殿又最为要闹,及东西塔院、惠林、智海、宝梵,竞陈灯烛,光彩争华,直至达旦。其馀宫观寺院,皆放万姓烧香。如开宝、景德、大佛寺等处,皆设乐棚,作乐燃灯,惟禁宫观寺院,不设灯烛。次则葆真宫,有玉柱、玉帘窗隔灯。诸坊巷、马行,诸香药铺席、茶坊酒肆,灯烛各出新奇。惟莲花王家香铺灯火,又最出群。而又命僧道场打花钹,弄槌鼓,游人无不驻足。"

①皆系戚里贵近占设看位:东京梦华录卷六"戚里"前有"宰执"二字。

大明灯

僧史略:"汉法本传,西域十二月三十日,乃中国正月之望,谓之'大神农变月'①。汉明帝令烧灯,以表佛法大明。"

①谓之大神农变月:"大神农变月",僧史略作"大神变月",此误。按,大宋僧史略卷下上元放灯:"案汉法本内传云:佛教初,与道士角试,烧经像无损而发光。又西域十二月三十日。是此方正月十五日,谓之'大神变月'。汉明敕令烧灯,表佛法大明也。"

绕城灯

涅槃经:"正月十五日,如来阇维讫,收舍利,罂置金床上。天人散花奏乐绕城,步步燃灯三十里。"

张神灯

崔液上元夜游诗:"神灯佛火百轮张,刻像图形百宝妆①。影里惟开金口说②,空中似散玉毫光。"

①刻像图形百宝妆:"百",艺文类聚卷四、岁时杂咏卷七引崔液此诗作"七"。
②影里惟开金口说:"惟开",同上书作"如闻"。

观舍利

西域记:"摩竭陁国,正月十五日,僧徒俗众云集,观佛舍利放光雨花。"

会群仙

灵宝朝修图："正月十五日，虚无自然元始天尊于八景天宫，集会三界群仙，汉祖天师、三天扶教辅元大法师、正一静应真君诞生之日。"

拜章表

正一旨要："正月十五日上元，十天灵官神仙兵马无鞅数众，与上圣高真妙行真人同降人间，较善赐福之辰，其日宜修斋醮，拜章表，请益寿算。"

诵道经

修行记："正月上元，七月中元，皆大庆之月，长斋诵度人经，则福及上世，身得神仙。"按度人经云："正月长斋，诵咏是经，为上世亡魂断地逮役，度上南宫。"

岁时广记

卷 十一

宴元老

玉壶清话："至道元年灯夕，太宗御楼。时李文正昉以司空致仕于家。上亟以安舆就其宅召至，赐坐于御楼之侧[1]。数对明爽[2]，精力康劲，上亲酌御樽饮之，选肴核之精者赐焉，谓近侍曰：'昉可谓善人君子也。事朕两入中书，未尝有伤人害物之事，宜其今日所享也。'又从容语及平日藩邸唱和之事，公遽然离席，历历口诵御诗七十馀篇[3]，一句不误。上谓曰：'何记之精邪？'公奏曰：'臣不敢妄。臣自得谢[4]，每晨起盥栉，坐于道室，焚香诵诗。每一诗，日诵一遍。间或却诵佛道书。'上喜曰：'朕亦以卿诗别笥贮之，每爱卿翰墨也楷字[5]，老来笔力在否？'公对曰：'臣素不善书，皆狄犬宗讷所写尔。'上即令以六品正官与之，除国子监丞。"

[1] 赐坐于御楼之侧："楼"，玉壶清话卷三作"榻"，此误。

②数对明爽:"数",同上书作"敷",此误。

③历历口诵御诗七十馀篇:"七十馀篇",同上书作"几七十馀篇"。

④臣自得谢:"谢",同上书作"谢无事"。

⑤每爱卿翰墨也楷字:"字",同上书作"秀"。

称善人

青锁高议①:"大丞相李公昉,尝谓子弟曰:'建隆年元夜,艺祖御宣德门。初夜,灯烛荧煌,箫鼓间作,士女和会,填溢禁陌。上临轩引望,目顾问余曰:"人物比之五代如何?"余对以:"民物繁盛,比之五代数倍。"帝意甚欢,命移余席切近御座,亲分果饵遗余。顾谓两府曰:"李昉事朕十馀年,最竭忠孝,未尝见损害一人,此所谓善人君子也。"孔子曰:"善人,吾不得而见之也。"吾历官五十年,两立政地,虽无功业可书竹帛,居常进贤,虽一善可称,亦俾进用,而又金口称为善人君子,则吾不忝尔父也。尔等各勉学问,思所以起家,为忠孝以立,则尔无忝吾所生也。'"

①青锁高议:郡斋读书志作"青琐高议",此误。按,郡斋读书志(衢本)卷一三:"青琐高议十八卷,右不题撰人。载皇朝杂事及名士所撰记传。然其所书,辞意颇鄙浅。"

与民乐

东斋录:"仁宗正月十四日御楼中,遣使传宣从官曰:'朕非好游观，与民同乐耳。'翌日，蔡君谟献诗云：'高列千峰宝炬森^①，端门方喜翠华临。宸游不为三元夜，乐事还同万众心。天下清光留此夕，人间和气阁春阴。要知尽庆华封祝，四十馀年惠爱深。'"

①高列千峰宝炬森：此与端明集（宋蔡襄撰）卷四上元进诗文字多异，集本云："叠耸青峰宝炬森，端门初晚翠华临。宸游不为三元夜，乐事全归万众心。天上清光开夜色，人间和气阁春阴。要知尽作华封祝，四十年来惠爱深。"

徇人心

皇朝岁时杂记："观景龙文馆列叙唐中宗时灯夕侈靡之甚，比于今兹，十倍百倍，乃知本朝诸圣，特徇民心，与人同乐耳。故于旧制不废，亦未尝加新焉，非有意于自逸。"

燕近臣

王明清挥麈录："徽宗宣和七年十二月二十一日，就睿谟殿张灯，预赏元宵，曲燕近臣，命左丞王安中、中书侍郎冯熙载为诗以进。安中赋五言一百韵，熙载赋七言四十四韵。"

斥伶官

渑水燕谈："元祐中，上元，驾幸凝祥池，宴从臣。教坊伶人以先圣为戏，刑部侍郎孔宗翰奏：'唐文宗时，尝有为此戏者，诏斥去之。今圣君宴犒群臣,岂宜尚容有此!'诏付伶官于理①。或曰'此细事,何足言'者,孔曰:'非尔所知。天子春秋鼎盛,方且尊德乐道,而贱工乃尔亵礼②,纵而不治,岂不累圣德乎?'闻者惭而叹服。"

①诏付伶官于理:"于理",渑水燕谈录卷八作"置于理"。

②而贱工乃尔亵礼:同上书"工"作"伎","亵礼"作"亵慢"。

出御诗

岁时杂记:"祖宗朝,以时和岁丰,与民同乐,多出御诗,或命近臣属和。神宗因馆伴高丽使毕仲衍有诗,乃即其韵赓之,以赐仲衍及丽使。名士词人佳句,传于时者不一。杨、刘、丁、钱数钜公连句,至今榜清福院。礼部唱和中,形容景色,尤为详备焉。熙宁中,宋次道龙图撰集岁时杂咏,而上元诗尤多。"

和御制

松窗诗话:"大观初年,京师以元夕张灯开宴,时再复湟、部①,徽宗赋诗赐群臣,其额联云:'午夜笙歌连海峤,春风灯火过湟中。'席上和者皆莫及。开封尹宋乔年不能诗,密走介求援于其客周子雍,得句云:'风生阊阖归来早,月到蓬莱夜未中。'为时辈所称。子雍,汝阴人。曾受学于陈无己,故有句法。则作文为诗者,可无师承乎?"

①时再复湟部:"部",容斋随笔四笔卷二"大观元夕诗"条作

"鄯",此误。按,松窗诗话此说当出容斋四笔。

赏佳词

本事词:"康伯可上元应制作瑞鹤仙,太上皇帝称赏'风柔夜暖'已下至末章,赐金甚厚。词云:'瑞烟浮禁苑。正绛阙春回,新正方半。冰轮桂华满。溢花衢歌市,芙蕖开遍①。龙楼两观。见银烛、星球灿烂。卷旗亭②,尽日笙歌,盛集宝钗金马③。　堪羡。绮罗丛里,兰麝香中,正宜游玩。风柔夜暖。花影乱,笑声远④。闹蛾儿满路,成团打块,簇着冠儿斗转。喜皇都、旧日风光,太平再见。'"

①芙蕖开遍:"芙蕖",中兴以来绝妙词选卷一作"芙蓉"(全宋词第二册第一三〇四页)。

②卷旗亭:"旗亭",同上书作"珠帘"。

③盛集宝钗金马:"马",同上书作"钏"。

④笑声远:"远",同上书作"喧"。

作句法

韵语阳秋:"应制诗非他诗比,自是一家句法,大抵不出于典实富艳尔。如夏英公上元观灯诗,与夫王岐公应制上元诗,二公虽不同时,而二诗如出一人之手,盖格律当如是也。若作清癯平淡之语,终不近尔。夏英公诗云:'鱼龙曼衍六街呈,金锁通宵启玉京。冉冉游尘生辇道,迟迟春箭入歌声。宝坊月皎龙灯淡,紫馆风微鹤焰平。宴罢南端天欲晓，回瞻河汉尚盈盈。'"王岐公诗见侯鲭录。

使故事

侯鲭录："元丰中，元夕，上御楼观灯，有御制诗。时王禹玉、蔡持正为左右相，持正问禹玉云：'应制上元诗，如何使故事？'禹玉曰：'鳌山、凤辇外不可使。'章子厚笑曰：'此谁不知。'后两日，登对，上独赏禹玉诗妙于使事。诗云：'雪消华月满仙台，万烛当楼宝扇开。双凤云中扶辇下，六鳌海上驾山来。镐京春酒沾周宴，汾水秋风陋汉才。一曲升平人尽乐，君王又进紫霞杯。'是夕，以高丽进乐，又添一杯。"

免文解

本事词："连仲宣者，信之贵溪人也。少不事科举，留意觞咏。宣和间，客京师。适遇元宵，徽宗御宣德楼，锡宴近臣，与民同乐。仲宣进念奴娇词，称旨，特免文解。词曰：'暗黄着柳，渐寒威收敛，日和风细。□□端门初锡宴，郁郁葱葱佳气。太一行春，青藜照夜，夜色明如水。鳌山彩结，恍然移在平地。　曲盖初展湘罗，玉皇香案，近雕栏十二。夹道红帘齐卷上，两行绝新珠翠。清跸声乾，传柑宴罢，闪闪星球坠。下楼归去，觚稜月衔龙尾。'"

预赏灯

复雅歌词："景龙楼先赏，自十二月十五日便放灯，直至上元，谓之'预赏'。东京梦华录云:'景龙门在大内城角宝箓宫前也。'万俟雅言作雪明鳷鹊夜慢云:'望五云多处春深,开阆苑,别就蓬岛。正梅雪韵清,桂月光皎。凤帐龙帘萦嫩风,御座深、翠金间绕。半天中、香泛千花,灯挂百宝。　圣时观风重腊,有箫鼓沸空,锦绣匝道。竞呼卢,气贯欢笑①。暗里金钱掷下,来侍燕、歌太平睿藻。愿年年此际,迎春不老。'"

①气贯欢笑:历代诗馀卷五七(全宋词第二册第八〇七页)"欢笑"前有"调"字。

赐金瓯

复雅歌辞:"万俟雅言作凤皇枝令忆景龙先赏,序曰:'景龙门,古酸枣门也。自左掖门之东,为夹城南北道,北抵景龙门。自腊月十五日放灯,纵都人夜游。妇女游者,珠帘下邀住,饮以金瓯酒。有妇人饮酒毕,辄怀金瓯,左右呼之,妇人曰:"妾之夫性严,今带酒容,何以自明? 怀此金瓯为证耳。"隔帘闻笑声曰:"与之。"'其词云:'人间天上,端楼龙凤灯先赏。倾城粉黛月明中,春思荡。醉金瓯仙酿。　一从銮辂北向。旧时宝座应蛛网。游人此际客江乡,空怅望。梦连昌清唱。'"

传黄柑

诗话:"上元夜登楼,贵戚宫人以黄柑遗近臣,谓之'传柑'。东坡上元侍饭端楼诗云:'归来一盏残灯在,犹有传柑遗细君。'又上元夜有感云：'搔首凄凉十年事，传柑归遗满朝衣。'又答晋卿传柑云：'侍史传柑玉座傍，人间草木尽天浆。'又上元词云：'挤沉醉金荷须满。怕明年此际，催归禁銮，侍黄柑宴。'"

夺重关

笔谈："狄青宣抚广西，时侬智高守昆仑关。青至宾州，值上元，大张灯烛。首夜享将佐。次夜宴从军官，二鼓后，青称疾辄起，令孙元规暂主席，数使人劳坐客。至晓，各未敢退。忽有驰报，是夜三鼓，青已夺昆仑矣。"

挝叠鼓

后汉书："祢衡善击鼓，被魏武谪为鼓吏①。正月十五日，因大会宾客，阅试音节，衡乃扬枹作渔阳掺挝②，蹀躞而前，渊渊有金石声也。"文士传云："衡击鼓作渔阳掺槌③，蹋地来前，蹋鼓足脚④，□能□常⑤，鼓声甚悲。易衣毕，复击鼓三槌而去⑥。至今有渔阳三槌，自衡始也。"杨文公谈苑云："祢衡作渔阳掺挝，古歌曰：'边城宴开渔阳掺⑦，黄尘萧萧白日暗。'"东坡诗云："叠鼓谁掺渔阳挝。"宋子京诗云："波生客浦扬舲远，润逼渔挝作掺迟。"唐李义山听鼓诗云："欲问渔阳槌，时无祢正平。"又口占诗云："必投潘岳果，谁掺祢衡挝。"掺，七鉴切，三挝鼓也。所谓渔阳掺者，正如广陵散是也。

①谪为鼓吏："吏"，后汉书卷八〇下祢衡传作"史"。

②衡乃扬枹作渔阳掺挝："掺"，同上书作"参"。

③衡击鼓作渔阳掺槌："掺"，后汉书祢衡传李贤注引文士传作"参"。

④蹴鼓足脚："鼓"，同上书作"馺"，此误。

⑤□能□常：同上书作"容态不常"。

⑥复击鼓三槌而去："三"，同上书作"参"。下同。

⑦边城宴开渔阳掺："宴"，苕溪渔隐丛话后集卷一四引谈苑作"晏"，此误。

观乐舞

明皇杂录："唐玄宗每赐宴设酺会，则上御勤政殿。金吾及四军兵士，未明陈仗，盛列旗帜。太常陈乐，卫尉张幕。府县教坊，大陈山车旱船，寻橦走索，飞剑角抵，戏马斗鸡。又令宫女数百，饰以珠翠，衣以锦绣，自帷中出，击雷鼓为破阵乐、太平乐、上元乐。又引大象、犀牛入场，或拜或舞，动中音律。每正月望夜，又御勤政殿楼，观作乐，贵臣戚里，官设看楼，夜阑，即遣宫女于楼前歌舞以娱之。"洪舍人容斋随笔云："唐开元、天宝之盛，见于传记歌诗多矣，而张祐所咏尤多①，皆他诗人所未尝及者。如正月十五夜灯云：'千门开锁万灯明，正月中旬动帝京。三百内人连袖舞，一时天上著词声。'"

①张祐所咏尤多："张祐"，容斋随笔卷九"张祐诗"条作"张祜"，此误。

进寿礼

唐萧皇后传:"穆宗贞献皇后萧氏,生文宗。文宗立,上尊号曰皇太后。初,太和中,懿安太皇后居兴庆宫[①],宝历太后居义安殿,后居大内,号'三宫太后'。禁城中[②],正月望夜,帝御咸泰殿,大燃灯作乐,迎三宫太后,奉觞进寿,礼如家人。"

①懿安太皇后居兴庆宫:"太皇后",旧唐书后妃传下穆宗贞献皇后萧氏传作"太皇太后",此误。按,新唐书后妃传下穆宗贞献皇后萧氏传作"懿安太后"。

②禁城中:"禁城",新唐书后妃传下穆宗贞献皇后萧氏传作"开成",此误。

偷新曲

明皇实录:"明皇幸上阳,新番一曲。明夕,正月十五日,潜游,忽闻酒楼上有笛奏前夕新番曲,大骇之。密捕笛者诘问,且云:'其夕于天津桥上玩月,闻宫中奏曲,爱其声,遂以爪画谱记之。'即长安少年李暮也。"元稹连昌宫词云:"李暮撅笛傍宫墙,偷得新番数声曲[①]。"

①偷得新番数声曲:"声",元稹集卷二四连昌宫词作"般"。

争驰道

杨妃外传:"开元十载上元日,杨家五宅夜游,与广宁公主骑从

争西市门。杨氏奴鞭公主衣,公主堕马。驸马程昌裔扶主,因及数
挝。主泣奏,上令决杀杨家奴,昌裔停官。于是杨家转横。时谣
云:'生女勿悲酸,生男勿喜欢。'又曰:'男不封侯女作妃,君看女却
为门楣。'"近代诗人亦有"固应生女作门楣"之句。

纵出游

唐书列传:"中宗庶人韦氏,嗣圣初,立为皇后。初,帝幽废,与
后约:'一朝见天日,不相制。'至是与武三思升御床博戏,帝从旁典
筹,不为忤。景龙三年,帝亲郊,后亚献①。明年,正月望夜,帝与后
微服过市,徜徉观览。纵宫女出游,皆淫奔不还。"

①后亚献:新唐书后妃传上中宗庶人韦氏传句前有"引"字。

造面茧

天宝遗事:"每岁上元,都人造面茧,以官位高下,散帖茧中①,
谓之'探官茧'。或赌筵宴,以为戏笑。"详见人日。

①以官位高下散帖茧中:开元天宝遗事卷下作"以官位帖子卜
官位高下"。

咬焦䭔

岁时杂记:"京师上元节,食焦䭔,最盛且久,又大者名柏头焦

餳。凡卖餳,必鸣鼓,谓之'餳鼓'。每以竹架子出青伞,缀装梅红缕金小灯球儿。竹架前后,亦设灯笼。敲鼓应拍,团团转走,谓之'打旋'。罗列街巷,处处有之。"

作盘飱

岁时杂记:"京师上元日,有蚕丝饭,捣米为之,朱绿之,玄黄之。南人以为盘飱。"

鬻珍果

岁时杂记:"京师贾人预畜四方珍果,至灯夕街鬻。以<u>永嘉</u>柑实为上味,橄榄、绿橘,皆席上不可阙也。<u>庆历</u>中,金柑映日果不复来,其果大小如金橘,而色粉红。<u>嘉祐</u>中,花羞栗子,皆一时所尚。又以纸帖为药囊,实干缕、木瓜、菖蒲、咸酸等物,谓之'下酒果子'。"

货香药

岁时杂记:"京师上元,有独体朱砂丸、龙脑丸、橄榄丸、梅花丸、药丁香,又以药丁香为字及花,皆谓之'宵夜果子'。又货茶丁香,今行在三省大门前。<u>金葫芦张家</u>卖独体朱砂圆,每帖一百贯。"

卖节食

岁时杂记:"京人以菉豆粉为科斗羹,煮糯为丸,糖为臛,谓之'圆子'。盐豉捻头,杂肉煮汤,谓之'盐豉汤'。又如人日造茧,皆上元节食也。"

戴灯球

岁时杂记:"都城仕女,有神戴灯球灯笼①,大如枣栗,如珠茸之类②。又卖玉梅、雪梅、雪柳、菩提叶及蛾蜂儿等,皆缯楮为之。"古词云"金铺翠、蛾毛巧。是工夫不少。闹蛾儿拣了蜂儿卖,卖雪柳、宫梅好"云云,又云:"灯球儿小,闹蛾儿颤。又何须头面。"

①有神戴灯球灯笼:"神",疑当作"元夜"。
②如珠茸之类:"珠茸",疑当作"珠珥"。

纸飞蛾

岁时杂记:"都人上元,以白纸为飞蛾,长竹梗标之,命从卒插头上。昼日视之,殊非佳物,至夜,稠人列炬中,纸轻竹弱,纷纷若飞焉。又作宜男蝉,状如纸蛾,而稍加文饰。又有菩提叶、蜂儿之类。"

火杨梅

岁时杂记:"京城上元节,以熟枣捣炭,丸为弹,傅之铁枝而点火,谓之'火杨梅'。亦以插从卒头上。又作莲花、牡丹灯碗,从卒顶之。"

打簇戏

海录碎事:"魏氏旧俗,以正月十五日夜为打簇戏①,能中者赏帛。"

①打簇戏:北齐书卷四八外戚介朱文畅传作"打竹簇之戏"。

扑蛾戏

杂志:"荆邸鱼轩,上元日卒,彻乐,教坊伶人戏为扑灯蛾。"

变蚕种

集正历:"正月十五日,浴蚕种了,绯小绳子挂搭一七日。令春气少改变色,却收于清凉处,着一瓮盛,须去瓮底一寸,以草盖覆。贵得清凉处,令生迟也。"

祭蚕室

续齐谐记:"吴县张诚之①,夜见一妇人,立于宅东南角,举手招诚,诚就之。妇人曰:'此地是君家蚕室,我即地之神。明日正月半,宜作白粥泛膏于上,以祭我,当令君蚕桑百倍。'言讫,失之。张如其言,为作膏粥。年年祭之,大得蚕焉。"或云其神降于陈氏之家,云蚕神也。世人正月半作膏粥,由此故也。今俗效之,谓之"粘钱财"。壶中赘录云:"今人正月半作粥祷②,加以肉,覆其上,'登膏糜③,采鼠朏。欲来不来,待我三蚕老。'则以为蚕禳鼠④。"

①吴县张诚之:"张诚之",太平广记卷二九三引续齐谐记同,而荆楚岁时记隋杜公瞻注引续齐谐记、太平御览卷八五九引续齐谐记并作"张成"。

②今人正月半作粥祷:此下文字,意难贯通,其间显有脱文。壶中赘录非其原始出处,其文最早似当见于杜公瞻注。按荆楚岁时记隋杜公瞻注先引续齐谐记,随后接言:"今世人正月十五日作粥祷之,加以肉,覆其上,登屋食之,咒曰:'登高糜,挟鼠脑。欲来不来,待我三蚕老。'是则为蚕逐鼠矣,与齐记相似。又覆肉,亦是覆膏之理。"

③登膏糜:"登膏糜"云云乃咒语也,阙此"咒曰"二字,语意便难连属。见前注。

④则以为蚕禳鼠:"以为",同上书无"以"字,此衍。

祠门户

玉烛宝典:"正月十五日,作膏以祠门户。"又荆楚岁时记云:"今人州里风俗,正月望日祭门。先以杨柳枝插门,随枝所指向,以酒脯、饮食及豆粥、糕糜祭之。"

赛紫姑

异苑："世有紫姑神，古来相传是人家妾，为大妇所嫉，每以秽事相役。正月十五日，感激而卒。故世人以其日作其形，于厕间或猪栏边迎之[①]。亦必须净洁，祝曰：'子胥不在，曹姑亦归去，小姑可出。'戏捉者觉重，便是神来，奠设果酒，亦觉面辉辉有色，便跳躞不住。能占众事，卜蚕桑。又善射钩，好则大舞，恶则仰眠。平昌孟氏恒不信，躬往试捉，便自跃穿屋，永失所在。子胥是其婿，曹姑即其大妇也。"又时镜洞览记曰："帝喾女将死，云：'生平好乐，正月十五日，可来迎我。'"二说未知孰是。又沈存中笔谈云："旧俗，正月望夜迎厕神，谓之紫姑。亦不必正月，常时皆可召之。"李义山诗云："消息期青鸟[②]，逢迎冀紫姑[③]。"又云："昨日紫姑神去也，今朝青鸟使来赊。"又云："身闲不睹中兴盛，羞逐乡人赛紫姑。"刘伟明诗云："大奴听响住屋隅[④]，小女行卜迎紫姑。"又欧阳公词云："应卜紫姑神。"

①于厕间或猪栏边迎之：异苑（南朝宋刘敬叔撰）卷五句首有"夜"字。

②消息期青鸟："鸟"，李义山诗集卷中圣女祠作"雀"。

③逢迎冀紫姑："冀"，同上书作"异"。

④大奴听响住屋隅："住"，宋刘弇（字伟明）龙云集卷六次韵和彭道原元夕诗作"仆"，此误。

祷天女

三仙杂录序云："天圣壬申，正月几望，予以守职遐裔，太夫人思<u>江西</u>燃灯之盛,忽忽有不乐之色。亟遣僮稚蠲洁隅馆,沿袭旧俗,祷赛<u>紫姑</u>,以豁太夫人之幽郁。于时漏板初惊,月华微明,人祝神以诚,神凭物以<u>应</u>,降之筵几。俟乎指踪,移晷聚观,乃云篆盘飧中数十字,悉无能解之者。因请从其俗,贵使情接,于是去篆从隶,顾予从容而呼曰:'我,天之<u>令女</u>也。<u>令女</u>乃三仙谦以自呼,名隶仙籍,慎无以神命我。以君世积馀庆,骨气稍异,因来耳。'酒肴盈篚,虽设之且不歆;六会神丁,纵召之亦不至。往来自若,聚散为常。骇乎篆隶各精,音律俱善。伎乃巨细,无问不能,谓吉凶之由人,谓善恶之由积。抚弦扣铁,无<u>郑卫</u>之淫;赓歌和诗,有<u>风雅</u>之妙。乘兴则绘素,多暇则弈棋。不泄者阴机,不谈者丹灶。挥筝以握,不以指;治病以水,不以金石草木。多才多艺,举无与偕。信乎天仙之尤,固不可臆度而究乎万一也。漫录观灯二诗云:'无种新莲万万根,齐争春气纵黄昏。那堪更上高楼望,疑撮流星撒九门。'其二曰:'天翁留下上元辰,处处依时气节新。万点红莲银烛市,月中烟里乱星匀。'"

岁时广记

幸西凉

广德神异录:"开元初,唐玄宗于正月望夜上阳宫大陈影灯,精巧似非人力。道士叶法善在圣真观,上促召来。既至,潜引法善观于楼下,人莫知之。法善谓上曰:'影灯之戏,天下固无与比,然西凉府今夕之灯,亦亚于此。'上曰:'师顷尝游乎?'法善曰:'适自彼回,便蒙急召。'上异其言,曰:'今欲一往,得否?'法善曰:'此易事尔。'于是令上闭目,约曰:'不可妄视,误有所视,必当惊骇。'依其言,闭目距跃,身在霄汉,而足已及地①。法善曰:'可以观矣。'既视,灯烛连亘十数里,车马骈阗,士女纷委,上称甚善。久之,法善曰:'观览毕,可回矣。'复闭目,与法善腾空而去②。俄顷,还故处,而楼下歌吹犹未终。法善至西凉州③,将铁如意质酒。翌日,上命中官,托以他事,使于凉州,因求如意以还,验之非谬。"

①而足已及地:"而",一作"俄而"。按,<u>太平广记</u>卷二六"叶法善"条引集异记及仙传拾遗作"俄而"。

②与法善腾空而去:"去",同上书作"上"。

③法善至西凉州:"法善",同上书作"玄宗"。

游广陵

<u>幽怪录</u>:"开元十八年正月望,<u>明皇</u>谓叶仙师曰:'四方此夕,何处极盛?'对曰:'天下无逾<u>广陵</u>。'帝欲一观,俄而虹桥起于殿前,师奏:'桥成,慎无回顾。'于是帝步而上,<u>太真</u>及<u>高力士</u>、乐官从行,直造云际,俄顷已到<u>广陵</u>。士女皆仰望,曰:'仙人现于云中。'帝大悦。师曰:'请敕伶官奏霓裳一曲,可回矣。'后数旬,<u>广陵</u>奏曰:'上元夜,有仙人乘彩云自西来,临<u>孝感</u>寺,奏霓裳羽衣一曲,曲终而去。初元朝礼之晨,而庆云现;小臣践修之地,而仙乐陈。'上览表大悦。"

生真人

<u>汉天师家传</u>:"真人讳<u>道陵</u>,字辅汉,姓张氏,丰邑人,留侯<u>子房</u>八世孙也。母初梦天人自<u>北斗</u>魁星降至地,长丈馀,衣绣衣,以薇蘅之香授之。既觉,衣服居室,皆有异香,经月不散,感而有孕。于<u>后汉</u><u>光武</u><u>建武</u>十年甲午正月望日,生于<u>吴</u>地<u>天目山</u>。时黄云覆室,紫气盈庭,室中光气如日月,复闻昔日之香,浃日方散。"

遇道士

郡阁雅谈："沈道士,筠州高安人,故吏部郎中彬第三子也①。性孤僻,形貌秀彻。初名有邻,弃妻入道,居玉笥山,易名庭瑞②。遇深山古洞,竟日不返。严寒风雪,常单衣危坐。或绝食经月,或纵酒行歌。缘峭壁,升乔木,若猿猱之状。骨肉相寻,便却走避。忘情世俗,人莫测之,往往为同道者困。雍熙二年正月内,于玉笥山,先不食七日,至上元日早辰,辞道侣,归所居院集仙亭,念'人生几何',赋毕,无病而终。遗言于弟子,将画土宿一帧、度人经一卷随葬。后二年,二月十二日,有阁皂山僧昭莹,于山门数里相遇。阁皂山去玉笥山一百六十里。僧昭莹问所往,云:'暂到庐山寻知己。'留下土宿一帧及度人经一卷、五言诗一首为别,云:'南北东西路,人生会不无。早曾依阁皂,却又上元都。云片随天阔,泉声落石孤。何期早相遇,药共煮菖蒲。'后昭莹到玉笥山,话及,方知沈道士已亡。其说途中相遇③,遂出所留土宿及经、诗示人。众皆骇异,遂往坟上看,见土交横坼裂,阔及尺馀,至今不敢发。质其文,验其事,即尸解而去。"

①故吏部郎中彬第三子也:"三",诗话总龟(宋阮阅编)前集卷四六"沈道士"条引郡阁雅谈作"二"。
②易名庭瑞:"庭瑞",同上书作"廷瑞"。
③其说途中相遇:"其",同上书作"具",此误。

打专僧

广古今五行志:"侯景为定州刺史日,有僧名阿专师,在州下①,

闻有会社斋供、嫁娶丧葬之席，或少年放鹰走狗、追随宴集之处，尝在其间②。斗净喧嚣，亦曲助朋党。如此多年。后正月十五日，触他长幼③，恶口聚骂，主人欲打杀之，市徒救解而去。明旦捕觅④，见阿专骑一破墙喜笑⑤。捕者奋杖欲掷，前人复遮。阿专云：'汝等何厌贱我，我舍汝去。'以鞭击墙，口唱叱叱，所骑之墙，忽然升天，见者无不礼拜。须臾，映云而灭。经一年，闻在长安，还如旧态，后不知所终。"

①在州下：太平广记卷九一"阿专师"条引广古今五行记作"多在州市"。

②尝在其间：同上书作"未尝不在其间"。

③触他长幼：同上书"长幼"后有"坐席"二字。

④明旦捕觅：同上书句前有"其家兄弟"四字。

⑤喜笑：同上书作"嬉笑"，此误。

尚公主

本事诗："陈太子舍人徐德言之妻，后主叔宝之妹，封乐昌公主，才色冠绝。时陈政方乱，德言知不相保，谓妻曰：'以君才容，国亡必入权豪之家。傥情缘未断，犹冀相见，宜有以信之。'乃破一镜，人执其半，约曰：'他时必以正月望日，卖于都市，我当以是日访之。'及陈亡，果入越公杨素之家，宠嬖殊厚。德言流离辛苦，仅能至京，以正月望访于都市。有苍头卖半镜者，大高其价，人皆笑之。德言直引至其居，具言其故，出半镜以合之，仍题诗曰：'镜与人俱去，镜归人不归。无复嫦娥影，空馀明月辉。'公主得诗，悲泣不食。

越公知之,怆然改容。即召德言至,还其妻,仍厚遗之。因与钱别,仍三人共宴,命公主作诗以自解,诗曰:'今日何迁次,新官对旧官。笑啼俱不敢,方信作人难。'遂与德言归江南,竟以终老。"后人做词嘲之,寄声新水令云:"冒风连骑出金城,闻狐猿韵切,怀念亲眷。为笑徐都尉,徒夸彩绘,写出盈盈娇面。振旅阗阗。睹讶阆苑神仙。越公深羡①,骤万马侵凌转盼。感先锋,容放镜,收鸾鉴一半。归前阵,惨怛切,同陪元帅恣欢恋。二岁偶尔,将军沉醉连绵,私令婢捧菱花,都市寻遍。新官听说邀郎宴,因命赋悲欢。孰敢。做人甚难。梅妆复照,傅粉重见。"秦少游有诗云:"金陵往昔帝王州,乐昌主第最风流。一朝随兵到江上②,共把凄凄去国愁③。越公万骑唱箫鼓④,剑推玉人天上去。空携破镜望红尘,千古江枫笼辇路。"又调笑令云:"辇路。江枫古。楼上吹笙人在否。菱花半襞香尘污⑤,往日繁华何处。旧欢新爱谁为主。啼笑两难分付。"又东坡词云:"若为情绪,更问新官,向旧啼。"

①越公深羡:全宋词第五册第三六七三页引岁时广记无"羡"字,下句"骤万马"三字属上读。

②一朝随兵到江上:"随",宋秦观(字少游)淮海长短句卷下(全宋词第一册第四六四页)作"隋"。

③共把凄凄去国愁:"把",同上书作"抱"。

④越公万骑唱箫鼓:"唱",同上书作"鸣"。

⑤菱花半襞香尘污:"襞",同上书作"璧",此误。

会美妇

古今词话:"崇宁间,上元极盛,太学生江致和在宣德门观灯。

会车舆上遇一妇人，姿质极美，恍然似有所失。归，运毫楮，遂得小词一首。明日，妄意复游故地。至晚，车又来，致和以词投之。自后屡有所遇，其妇笑谓致和曰：'今日喜得到蓬宫矣。'词名五福降中天：'喜元宵三五，纵马御柳沟东。斜日映朱帘，瞥见芳容。秋水娇横俊眼，腻雪轻铺素胸。爱把菱花，笑勾粉面露春葱①。 徘徊步懒，奈一点、灵犀未通。怅望七香车去，慢辗春风。云情雨态，愿暂入阳台梦中，路隔烟霞，甚时许到蓬宫？'"

①笑勾粉面露春葱："勾"，全宋词第二册第九八四页引岁时广记作"勾"，此误。

约宠姬

蕙亩拾英集："近世有鸳鸯灯传，事意可取，第缀缉繁冗，出于闾阎，读之使人绝倒。今一切略去，掇其大概而载之云：天圣二年元夕，有贵家出游，停车慈孝寺侧。顷有一美妇人，降车登殿，抽怀袖间，取红绡帕裹一香囊，持于香上，默祝久之，出门登车，掷之于地。时有张生者，美丈夫贵公子也，因游偶得之，持归玩，见红帕上有细字书三章，其一曰：'囊香著郎衣，轻绡著郎手。此意不及绡，共郎永长久。'其二曰：'囊里真香谁见窃，丝纹滴血染成红①。殷勤遗下轻绡意，好付才郎怀袖中。'其三曰：'金珠富贵吾家事，常渴佳期乃寂寥。偶用至诚求雅合，良媒未必胜红绡。'又章后细书云：'有情者得此物，如不相忘，愿与姜面。请来年上元夜，于相篮后门相待，车前有鸳鸯灯者是也。'生叹咏之久，作诗继之。其一曰：'香来著吾怀，先想纤纤手。果遇赠香人，经年何恨久。'其二曰：'浓麝应同琼体腻,轻绡料比杏腮红。虽然未近来春约,也胜襄王魂梦中。'其三曰:'自得佳人遗赠物,书窗终日独无寥。未能得会真仙面,时赏囊香与绛绡。'翌岁元宵,生如所约,认鸳鸯灯,果得之。因获遇乾明寺,妇人乃贵人李公偏室,故皆不详载其名也。"

①丝纹滴血染成红:"丝纹滴血",全唐诗卷八〇〇李节度姬诗引作"鲛绡滴泪"。

惑妖女

夷坚甲志:"宣和间,京师士人元夕出游。至美美楼下,观者阗咽,不可前,少驻步,见美妇人举措张皇,若有所失。问之,乃曰:'我逐队观灯,适遇人极隘,遂迷失侣,今无所归矣。'以言诱之,欣然曰:'我在此稍久,必为他人掠卖,不若与子归。'士人喜,即携手还舍。如是半年,嬖宠殊甚,亦无有人踪迹之者。一日,召所善友与饮,命妇人侍酒,甚款。后数日,友复来,曰:'前夕所见之人,安从得之?'曰:'我以金买之。'友曰:'不然,子宜实告我。前夕饮酒时,见每过烛后,色必变,意非人类,不可不察。'士人曰:'相处累月矣,焉有是事。'友不能强,乃曰:'葆真宫王文卿法师善符箓,试与子谒之。若有祟,渠必能言。不然,亦无伤也。'遂往。王师一见,惊曰:'妖气极浓,将不可治。此祟绝异,非寻常鬼魅比也。'历指坐上他客曰:'异日当为左证。'坐者尽恐。士人已先闻友言,不敢复隐,备告之。王师曰:'此物平时有何嗜好?'曰:'一钱箧极精巧,常佩于腰间,不以示人。'王师即朱书二符授之,曰:'公归,俟其寝,以一置其首,一置箧中。'士人归,妇人已大骂曰:'托身于君,许久不能见信,乃令道士书符,以鬼待我,何故?'初尚设辞讳,妇人曰:'某仆为我言,一符欲置我首,一置箧中,何讳也!'士人不能辨,密访仆,仆初不言,始疑之。至夜,伺其睡,则张灯制衣,将旦不息。士人愈窘,复走谒<u>王师</u>。<u>王师</u>喜曰:'渠不过能忍一夕,今夕必寝,第从吾戒。'是夜,果熟睡。如教施符。天明,无所见,意谓已去。越二日,<u>开封</u>遣狱吏逮<u>王师</u>下狱,曰:'某家一妇人,瘵疾三年,临病革,忽大呼曰:"<u>葆真宫王法师</u>杀我!"遂死。家人为之沐浴,见首上及腰间箧中皆有符,乃诣府投牒,云<u>王</u>以妖术取其女。<u>王</u>具述所以,即追士人并向日坐上诸客证之,皆同,遂得免。'<u>王师</u>,<u>建昌</u>人。"

偿冤鬼

<u>青锁高议</u>①:"<u>宣和</u>间,有<u>龚球</u>在京城,元夜,闲随青毡车。有一妇人下车,携青囊,其去甚速。<u>球</u>逐至暗处,曰:'我<u>李太保</u>家青衣,今夕走耳。君能容我,愿为侍人。'<u>球</u>与携手同行,妄指一巷云:'吾所居也,汝且坐此,吾先报家人,然后呼汝。'<u>球</u>携囊入巷,从他衢而去。囊中皆金珠,售获千缗。往来为商,钱益增羡。一夕,泊舟<u>山阳</u>。并舟一妇,似识而不忆。妇曰:'子何在此?子携我青囊去,坐待至晓,为街吏所擒,付狱穷治,竟死狱中。诉于阴府,得与子对。'妇人忿然登舟,<u>球</u>如醉扶卧,为一吏摄至阴府。王者召吏云:'<u>球</u>命禄虽已尽,但<u>王氏</u>受重苦,合令<u>球</u>于人间偿之。'<u>球</u>乃再苏,遍体生疮,臭秽不可近,日夜号呼,手足堕地而卒。"

①<u>青锁高议</u>:<u>郡斋读书志</u>(<u>衢</u>本)卷一三作"<u>青琐高议</u>",此误。

见怪物

夷坚丁志："翁起予商友家于建安郭外，去郡可十里。上元之夕，约邻家二少年入城观灯。步月松径，行未及半，遇村夫荷鉏而歌。二少年悸甚，不能前，但欲宿道傍民舍。翁扣其故，一人曰：'适见青面鬼持刀来。'一人曰：'非也。我见朱鬣豹裈持木骨朵耳。'翁为证其不然。明旦，方入城，其说青面者不疾而卒，朱鬣者得疾还，死于家。翁独无恙。"

拔鬼嫔

道经应验："蜀王孟昶时，于青城山丈人观折麻姑坛，偶石城令献一女曰张丽华[①]，纳之丈人观侧。忽一夕，迅雷暴雨，猛风电火，腾空散落，张氏遂殒命，葬于山下。后数年，有丈人观道士李若冲，是夜醮回，憩于山前。俄顷，竹阴间有一女子号泣而出，诣若冲前，云：'独卧经秋坠鬓蝉[②]，白杨风起不成眠。沉思往日椒房宠，泪湿衣襟损翠钿。'言讫，复泣而退，若冲亟还。是夜偶上元令节，三官考校罪福之辰。若冲窥殿上有衣冠朱履之士，皆面北立，有奏对。殿下廊庑间列罪人。中有一女子，为狱卒絷于铁柱，杖之痛号，徐察之，若山前见者。俄而有人以剑指若冲云：'今夕上元，天官洎五岳丈人校勘罪目，不宜久立。'若冲乃潜避。达旦，具白其师唐洞卿，师曰：'汝知之否，此乃张丽华也。昔宠幸于此，亵渎高真，致获斯罪。既以诗告汝，汝当救拔。'若冲曰：'何术可救？''但转九天生神章，焚金箓白简，可免斯苦，即自托生。'偶值临邛牧田鲁俦设黄篆,若冲遂置简书疏,转经至一卷,往彼醮所,适丁忏罪烧简之时,若冲遂即焚之。明旦,复至山前,竹阴间有一冢,乃张丽华坟。其地上有沙字四句曰:'符吏匆匆扣夜扃,旋凭金简出幽冥[3]。蒙师荐拔恩非浅,更乞生神九卷经[4]。'"

①张丽华:十国春秋作"张太华",此误。下同。按,十国春秋卷五〇后蜀三后主妃张氏传:"妃张氏,名太华。少擅殊色,眉目如画。事后主有专房之宠。广政初,同辇游青城山,宿九天丈人观,月馀不返,奉銮肃卫都虞候李廷珪屡谏不听。居数日,雷雨大作,白日晦暝,太华被震而殒,乃以红锦龙襦裹瘗观前白杨树下。明日急趣回銮,悲悼无已。后数年,炼师李若冲于薄暮中步白杨树侧,忽见女子吟诗,若有所怨。问曰:'人邪?鬼邪?'女子敛衽言:'妾蜀妃张太华也。因陪驾游此遇震,乞赐超拔。'若冲乃于中元节,修长生金简以答之。未几,梦太华谢曰:'妾已受生人世矣。'壁间以黄土留诗而去。后主闻之,厚赉若冲。"

②独卧经秋坠鬓蝉:同上书引此诗作"一别銮舆今几年"。

③旋凭金简出幽冥:同上书引作"便随金简出幽冥"。

④更乞生神九卷经:同上书引作"领得生神九卷经"。

偿前冤

夷坚丁志:"郑毅夫内翰侄孙爛,为林才中大卿婿,成亲五年,生一男一女,伉俪甚睦。郑因入京,遇上元节,先一日,将游上清宫,偶故人留饭,食牛脯甚美。暮方至宫。才观灯,郑忽觉神思敧岗,亟归,已发狂妄语,手指其前,若有所见,曰:'吾前生曾毒杀此人,当时有男子在旁,见用药,亦同为蔽匿,旁人乃今妻也。'呼问林氏,亦约略能记忆。中毒者责骂之颇峻,林氏曰:'本非同举意,何为及我?'其人曰:'因何不言?'自是郑生常如病风,数欧詈厥妻,无复平时欢意,不能一朝居。林卿命其女仳离归家,冤随之不释,遂为尼。郑讫为废人,后亦出家,着僧服,死于无锡县寺。"

入莜堂

夷坚丁志:"邛州李大夫之孙,元夕观灯,惑一游女,随其后不暂舍。女时时回首微笑,若招令出郭。及门外,又一男子同途,适素所善者,以为得侣,窃自喜。徐行至江边,男子忽舍去,女不从桥过,而下临水滨。李心犹了然,颇怪讶,亟往呼之。女从水面掩冉而返,逼李之身,环绕数四,遂迷不顾省,乃携手凌波而度,径入山寺中,趋廊下曲室。屋甚窄,几压其背,不胜闷,极大声呼①。寺僧罔知所谓②,秉炬来访。盖谁家妇莜堂,李踞卧于上,如欲入而未获者。僧识之,曰:'此李中孚使君家人也。'急扶掖诣方丈,灌以药,到明稍苏。送之归,凡病弥月乃愈。"

①极大声呼:夷坚志丁志卷一六"临邛李生"条作"极声大呼"。
②寺僧罔知所谓:"罔",同上书作"固"。

问禄寿

前定录:"韦泛,大历初,罢润州金坛县尉,客游吴兴,维舟于兴国佛寺之水岸。时正月望夕,士女繁会。泛方寓目,忽然暴卒,经宿而苏,云见一吏持牒,云:'府司追,遂与同行。约数十里,忽至一城,兵卫甚严。既入,所见多是亲旧,方悟死矣。俄见数骑呵道而来,中有一人,衣服鲜华,容貌甚伟。泛视之,乃故人也,惊曰:"君何为来此?"曰:"为所追。"其人曰:"嘻! 误矣。所追者非君也,乃兖州金乡县尉韦泛也。"遽敕吏以送归。泛恃其故人,因求知禄寿。其人不得已,密令一吏引于别院,立泛门外。吏入,持一丹笔书左手以示之,曰:"前扬复后扬,后扬五年强,七月之节归玄乡。"泛既出,前所追吏亦送之。'既醒,具述其事。沙门法宝好异事,尽得其实。因传之。泛后六年,调授太原阳曲县主簿。秩满,以盐铁使荐为扬子巡官,在职五年,建中元年六月二十八日,将趋选,以暴疾终于广陵旅舍,其日乃立秋日也。"

助醮钱

夷坚甲志:"福州左右司理院,每岁上元,必空狱设醮,因大张灯,以华靡相角,为一郡最盛处。旧皆取办僧寺,绍兴庚午,侍郎张公渊道作守,命毋扰僧徒,狱吏计无所出,耻不及曩岁,相率强为之。前一夕,左司理陈爌,梦朱衣吏,着平上帻,揖庭下曰:'设醮钱已符右院关取。'明日有负万钱持书至,取而视,乃闽清令以助右院者。方送还次,群吏曰:'今夕醮事,正苦乏使,留之何害?'陈亦悟昨梦,乃自答令书,而取其金。醮筵之外,其费无馀。是虽出于一时之误,然冥冥之中,盖先定矣。"

得宝石

　　夷坚丙志:"德兴县新建村居民程氏,屋后二百步有溪,程翁每旦必携渔具往,踞磻石而坐,施罔罟焉。年三十时,正月望夜,梦人告曰:'明日亟去钓所,当获吞舟鱼。'觉而异之,鸡鸣便往。久无所睹,自念:'梦其欺我欤?'忽光从水面起,照石皆明。掬水濯面,澄心谛观,但有大卵石,白如雪,光耀灿烂,一举网即得也。持以归,妇子皆惊曰:'尔遍身安得火光?'取置佛卓上,一室如昼。妻窥之,乃如乾红色,顷刻化为带,长三尺,无复石体,益惊异。炷香欲爇间,大已如槛,其长称是。惧而出,率家人列拜。俄闻屋中膊膊声,穴隙而望,如人抛掷散钱者。妻持竹畚入,漫贮十馀钱,方持待,已满畚矣。小儿女用他器拾取,莫不然。良久,遍其所居。或掷诸小塘,未移时已满。其物在室中连日,翁拜而祷曰:'贫贱如此,天赐之金,已过所望,愿神明亟还,无为惊动乡间,使招大祸。'至暮,不复见①。程氏由此富赡。每岁,必正月十六日设斋,饭缁黄,名曰龙会斋。翁颇能振施贫乏,里人目为'程佛子'。绍兴二十九年,寿八十三而卒,其孙亦读书应举。"

　　①不复见:夷坚志丙志卷一一"程佛子"条此句下尚有"而柱下踊一牛头,摇首动目,俨然如生。明日,乃寂然"凡二十字。

犯天使

　　影灯记:"梁邺,上元后,忽发变如血。卜,曰:'元夜食牛肺,犯天枢巡使,祷谢可免。'"

视月人

神仙传:"尹思字少龙,安定人也。晋元康五年正月十五夜,遣儿视月中有异物否,儿曰:'今年当大水。月中有一人,披蓑带剑。'思出视之,曰:'非也。将有乱卒①。'儿曰:'何以知之?'曰:'月中人乃带甲伏矛②,当大乱,三十年复小清耳。'后果如其言。"

①将有乱卒:太平广记卷一三"尹思"条引神仙传"卒"下有"至"字。

②月中人乃带甲伏矛:"伏",同上书作"伙",此误。

候竿影

王仁裕玉堂闲话:"上元夜,立一杖竿于庭中。候月午,其影至七尺,大稔;六尺、八尺,小稔;九尺、一丈,有水;五尺,岁旱;三尺,大旱。"

卜饭箕

稽神录:"江左有支戬者,好学为文。正月望日俗,取饭箕,衣以衣服,插箸为觜,使画粉盘,以卜一岁休咎。戬见家人为之,即戏祝曰:'请卜支秀才他日至何官。'乃画粉成'空'字。后戬仕至检校司空,果如其卜。"

偷灯盏

琐碎录:"亳社里巷小人,上元夜偷人灯盏等,欲得人咒诅,云吉利。都城人上元夜一夕亦如此,谓之'放偷'。得匙者尤利,故风俗于此日不用匙。一云,偷灯者生男子之兆。"又本草云:"正月十五日灯盏,令人有子。夫妇共于富家局会所盗之,勿令人知,安卧床下,当月有娠。"

题纨扇

侯鲭录:"韩康公上元召从官数人,出家妓侍饮。其专宠者曰鲁生,偶中蜂螫。少顷,持扇就东坡乞诗,诗中有'窗摇日影鱼吹浪①,舞罢花枝蜂绕衣'之句,上句记姓,下句书蜂事。"

①窗摇日影鱼吹浪:今本侯鲭录卷四引苏轼诗作"窗摇细浪鱼吹日"。

作俗诗

提要录:"舒州兵曹田太靖,轻獧子也。好作诗,庸俗秒野,至自制序镂板。首云:'田氏,太原人。国初勋臣之族,家世能诗,至太靖尤工。'上元一绝云:'元宵灯火照楼台,车马骈骈去又来。田郎试向楼上望,灯前好个阿孩孩。'"

岁时广记

卷 十三

正月晦①

荆楚岁时记曰："每月皆有晦朔,以正月晦为初年,时俗重以为节。"释名曰："晦者,月尽之名也。晦,灰也,死为灰②,月光尽似灰也。"南部新书曰："贞元元年九月二日敕③:'方今边隅无事,烝庶小康,其正月晦日、三月三日、九月九日三节日,宜任文武百僚择胜地追赏为乐。仍各赐钱,以充宴会。'贞元五年,废晦日,置中和节。"

①正月晦:"正"字原阙,今据原书目录补正。

②死为灰:释名卷一释天句前有"火"字。

③贞元元年九月二日敕:"贞元元年",南部新书丁集作"贞元四年",此误。按,旧唐书德宗纪:"(贞元四年)九月丙午:诏:'比者卿士内外,左右朕躬,朝夕公门,勤劳庶务。今方隅无事,烝庶小康,其正月晦日、三月三日、九月九日三节日,宜任文武百僚选胜地追赏为乐。每节宰相及常参官共赐钱五百贯文,翰林学士一百贯文,左右神威、神策等军每厢共赐钱

五百贯文,金吾、英武、威远诸卫将军共赐钱二百贯文,客省奏事共赐钱一百贯文,委度支每节前五日支付,永为常式。'"

凋蓂荚

帝王世纪:"尧时,有草夹阶而生。每月朔生一荚,月半则生十五荚。自十六日一荚落,至月晦而尽凋。月小尽则馀一荚,厌而不落。尧视之为历。唯盛德之君,应和气而生,以为瑞草,名曰蓂荚,一名历荚,一名仙茆。"后魏卢元明晦日泛舟应诏诗云:"轻灰吹上管,落蓂飘下蒂。迟迟春色华,婉婉年光丽。"

尽桂树

虞喜安天论曰:"俗传月中仙桂树,月初则生,月晦则尽也。"

湔裙裳

荆楚岁时记:"元日至月晦,人并为酺食渡水。士女悉湔裳,酹酒于水湄,以为度厄。今人唯晦日临河解除,妇人或湔裙。"

酺饮食

玉烛宝典:"元日至月晦,并为酺聚饮食。士女泛舟,或临水宴乐。酺聚者,大饮之名也。一云,出钱为醵,出食为酺。"

作膏糜

唐六典:"膳部有节日食料。"注云:"晦日,膏糜。"

拔白发

四时纂要:"正月甲子拔白发,晦日汲井水服,令髭发不白。"

稼果树

治生要术:"正月晦日,日未出时,以斧班驳锥斫枣李树,则子繁而不落,谓之'稼树'。"

种冬瓜

齐民要术:"正月晦日,倚墙区种冬瓜,区圆二寸,深五寸,着粪种之。苗生,以柴引上墙。每日午后浇之。"

占谷价

杂五行书:"正月晦日,风雨,主谷贵。"

避战车

白氏六帖:"阵不违晦,以犯天忌,故战车避晦日也[①]。"

①故战车避晦日也："战车"，白孔六帖作"战阵"。按，白孔六帖卷四"阵不违晦，以犯天忌"条注："战阵避月晦。"

号穷子

文宗备问："昔颛帝时，宫中生一子，性不着完衣，作新衣与之，即裂破，以火烧穿着，宫中号为'穷子'。其后，以正月晦日死，宫人葬之，相谓曰：'今日送却穷子也。'因此相承送之。"又图经云："池阳风俗，以正月二十九日为穷九日，扫除屋室尘秽，投之水中，谓之'送穷'。"

除贫鬼

唐四时宝鉴："高阳氏子好衣弊食糜，正月晦日巷死，世作糜，弃破衣，是日祝于巷，曰'除贫'也。"韩文公送穷文云："元和六年正月乙丑晦，主人使奴星星结柳作车，缚草为船，载糗与粮，牛系轭下，引帆上樯，三揖穷鬼而告之曰：'闻子行有日矣，鄙人不敢问所途，躬具船与车，备载糗粮，日吉时良，利行四方，子饭一盂，子啜一觞，携朋挈俦，去故就新，驾尘彍风，与电争先。子无底滞之尤，我有资送之恩。'"

送穷鬼

古今词话："太学有士人，长于滑稽。正月晦日，以芭蕉船送穷,作临江仙,极有理致。其词曰:'莫怪钱神容易致,钱神尽是愚夫。为何此鬼却相于。只由频展义①,长是泣穷途。　韩氏有文曾钱汝,临行慎莫踌躇。青灯双点照平湖。蕉船从此逝,相共送陶朱。'予幼时,亦闻巴谈送穷鬼词曰:'正月月尽夕,芭蕉船一只。灯盏两只明辉辉,内里更有筵席。奉劝郎君小娘子,饱吃莫形迹。每年只有今日日,愿我做来称意。奉劝郎君小娘子,空去送穷鬼,空去送穷鬼。'"

①只由频展义:"由",全宋词第四册第二九五九页引岁时广记作"因",此误。

中和节

李肇国史补曰:"唐贞元五年,置中和节。"唐书李泌传曰:"德宗以前世上巳、重九皆大宴集,而寒食多与上巳同时,欲以二月为节,自我作古。李泌请以二月朔为中和节。"道藏元微集云:"二月一日为天正节,冲应太虚王真人、诚应妙远郭真人同此日飞升。"

代晦日

唐书:"贞元五年正月十一日诏曰:'四序嘉辰①,历代增置。汉宗上巳,晋纪重阳,或说禳除,虽因旧俗,与众燕乐,诚洽当时。朕以春方发生,候维仲月,勾萌悉达②,天地和同,俾共昭苏③,宜均茂畅。自今后二月一日为中和节,内外官司,并休假一日。先敕百寮,以三令节集会,宜令中和节代晦日④。'"白居易颂曰:"中者,揆三阳之中;和者,酌四气之和。兹以八九节,七六气,排重阳而抗上巳⑤。照元气于厚壤⑥,则幽蛰苏而勾萌达;嘘和风于穷荒,则桀骜化而犷俗淳。"

①四序喜辰："喜"，太平御览卷三〇引唐书作"嘉"，此误。

②勾萌悉达："悉"，同上书作"毕"。

③俾共昭苏："共"，同上书作"其"，此误。

④宜令中和节代晦日：同上书作"今宜以中和节代晦日"。

⑤排重阳而抗上巳："抗"，白居易集卷四六中和节颂作"拉"。

⑥照元气于厚壤："照"，同上书作"煦"，此误。

揆明时

唐书："贞元五年正月二十八日，中书侍郎李泌奏：'伏以仲春初吉，制佳节以□之①，更晦日于往月之终，揆明时于来月之始。请令文武百辟，以是日进农书，司农献穜稑②，王公戚里上春服，士庶以刀尺相遗，村社作中和酒，祭勾芒，聚会宴乐，名为享勾芒③，祈年谷。仍望下各州府，所在颁行。'从之。"

①制佳节以□之："佳"，太平御览卷三〇引唐书及唐会要卷二九作"嘉"，"以"后有"征"字。

②司农献穜稑：同上书句尾有"之种"二字。

③名为享勾芒："享"，同上书作"飨"。

赐宴会

李繁邺侯家传："德宗曰：'前代三九皆有公会，而上巳日与寒食往往同时,来年合是三月二日寒食,乃春无公会矣。欲以二月创置一节,何日而可?'泌曰:'二月十五日以后,虽是花时,与寒食相值。二月一日正是桃李时,又近晦日,以晦为节,非佳名也,臣请以二月一日为中和节。其日赐大臣方镇勋戚尺,谓之裁度;令人家以青囊盛百谷果实相问遗,谓之献生子;酿酒,谓之宜春酒;村闾祭勾芒神,祈谷;百僚进农书,以示务本。'上大悦,即令行之,并与上巳、重阳谓之三令节,中外皆赐钱,寻胜宴会。"

备物仪

文选:"时惟太平,日乃初吉。作为令节,以殷仲春。发辉阳和,幽赞生植。敬授人时,亦以表节。仲序,谓仲春也。中和,谓其节也。助发生之德,覃作解之恩。助阴阳之交泰,表天地之和同。当太平之昭代,属初吉之良辰。国家授时建节,备物陈仪。"

游曲江

唐辇下岁时记:"开元中,都人游赏于曲江,莫盛于中和、上巳节。"按西京杂记①:"朱雀门街东第五街、皇城之东第三街升道坊龙华尼寺南,有流水屈曲,谓之曲江。"此地在秦为宜春苑,在汉为乐游原。寰宇记云:"曲江,汉武帝所造。其水屈曲,有似广陵之曲江,故以名之。"

①西京杂记:当作"西京记",此误。关中胜迹图志(清毕沅撰)卷六"曲江池"条引西京记:"朱雀门街东第五街、皇城之东第三

街升道坊龙华尼寺南,有流水屈曲,谓之曲江。"按,唐韦述有西京新记五卷(今佚),其前三卷即西京记,而西京杂记则为晋葛洪撰,记两汉事,不可能言及曲江事。

宴胜境

康骈剧谈录:"曲江地本秦隑州,开元中,疏凿为胜境。其南有紫云楼、芙蓉苑,其西有杏园、慈恩寺,花卉环列,烟水四际,都人游玩,盛于中和节。中和、上巳锡宴江侧,菰蒲葱翠,柳阴四合,碧波红蕖,湛然可爱。""隑"即"碕"字。巨依反。

赐御诗

唐书:"贞元六年,德宗以中和节宴百寮于曲江,上赋诗以赐之,百官皆和焉。是岁,戴叔伦迁容州刺史,素有诗名,上乃令录其诗以赐之。诗曰:'中和变柳梅①,万汇生春光。中和纪月令,芳与天地长②。耽乐岂不尚③,懿兹时景良。庶遂亭毒恩④,同致寰海康。君臣永终始,交泰符阴阳。曲沼新水碧⑤,华池桃梢芳⑥。胜赏信多欢,戒之在无荒。'"

①中和变柳梅:"中和",与下"中和纪月令"句重出,太平御览卷五九二引唐书作"东春",此误。按,全唐诗卷四德宗皇帝中和节赐群臣宴赋七韵作"东风"。

②芳与天地长:"芳",同上二书作"方",此误。

③耽乐岂不尚:"不",同上二书作"予",此误。

④庶遂亭毒恩:"毒",同上二书作"育",此误。

⑤曲沼新水碧:"新水",同上二书作"水新"。

⑥华池桃梢芳:同上二书作"华林桃稍芳"。

作朝假

皇朝岁时杂记:"自唐中和节令,唯作朝假,亦不休务。然朝士自是日着单公服,唯政事臣犹衣夹袍入宫,见上御单袍,即亟易之。"

视农事

唐文粹:"李庾西都赋曰:'立中和而视农。'"

颁度量

白居易颂:"当昼夜平分之时,颁度量合同之令。"

进牙尺

唐六典:"中尚署,中和节日,进镂牙尺及木画紫檀尺。"

有节物

文昌杂录:"唐岁时节物,二月一日,则有迎富贵果子。"

瞎里呵

燕北杂记：“二月一日，番中姓萧者，并请耶律姓者于本家筵席，番呼此节为‘瞎里呵’，汉人译云：‘“瞎里”是请，“呵”是时。’”

岁时广记

卷 十四

二社日

礼记月令曰:"择元日,命民社。"注云:"为祀社稷。春事兴,故祭之以祈农祥。元日谓近春分先后戊日。元,吉也。"统天万年历曰:"立春后五戊为春社,立秋后五戊为秋社。如戊日立春、立秋,则不算也。一云,春分日时在午时以前用六戊,在午时以后用五戊。国朝乃以五戊为定法。"绍兴癸亥三月一日社,绍兴丙寅正月二十八日社。

立社稷

白虎通德论:"王者所以有社稷何?为天下求福报功。人非土不立,非谷不食。土地广博,不可遍敬。五谷众多,不可一而祭。故封土立社,示有土也。稷,五谷之长,故立稷而祭之也。"

祀社稷

国语:"共工氏之伯有九有也,其子曰后土,能平九土,故祀以为社。列山氏之有天下也,其子曰柱,能殖百谷,故祀以为稷。"

举社稷

蔡邕独断:"社神,盖共工氏之子勾龙也。能平水土,帝颛顼之世,举以为土正,天下赖其功,尧祠以为社。稷神,盖厉山氏之子柱也。能植百谷,帝颛顼之世,举以为田正,天下赖其功。周弃亦播植百谷,以稷五谷之长,因以稷名其神也,故封社稷,露之者,必受霜露,以达天地之气;树之者,尊而表之,使人望见则加畏敬也。"

配社稷

礼记祭法曰:"厉山氏之有天下也,其子曰农,能植百谷。夏之衰也,周弃能继之,故祀以为稷。共工氏之霸九州也,其子曰后土,能平九州,故祀以为社。"

祠社神

风俗通:"谨按礼传,共工之子曰修,好远游,舟车所至,足迹所达,靡不穷览,故祀以为社神。"

祭稷神

孝经纬:"社,土地之主也。土地阔,不可尽祭,故封土为社,以报功也。稷,五谷之长也,谷众,不可遍祭,故立稷神以祭之。"

五帝神

祭法:"颛帝祀勾龙为社,柱为稷。高辛氏、唐、虞、夏皆因之。殷汤为旱迁柱,而以周弃代之。勾龙无可德者,故止。"又:"郡国顺天应人[1],逆取顺守,而有惭德,故革命创制,改正易服,变置社稷,而后世无及勾龙者,故不可而止。"

[1]郡国顺天应人:此下引文似出尚书汤誓孔安国传,不见于礼记祭法。按,尚书汤誓:"汤既胜夏,欲迁其社,不可。"孔安国传:"汤承尧、舜禅代之后,顺天应人,逆取顺守而有惭德。故革命创制,改正易服,变置社稷,而后世无及勾龙者,故不可而止。"

成周社

周礼大司徒曰:"设其社稷之壝。"又曰:"血祭社稷[1]。"尚书召诰曰:"戊午,乃社于新邑,牛一,羊一,豕一。"

[1]血祭社稷:此句承上作"又曰",误。上言"设其社稷之壝"为周礼地官大司徒之职,此言"血祭社稷"乃周礼春官大宗伯之职,二者实非一职,不宜径称"又曰"。按,周礼地官大司徒:"而辨其邦国都鄙之数,制其畿疆而沟封之。设其社稷之壝而树之田主。各以其野之所宜木,遂以名其社与其野。"又周礼春官大宗伯:"以血祭祭社稷,五祀五岳,以貍沈祭山林川泽,以疈辜祭四方百物。"

西汉社

西汉纪:"高祖三年二月,命民除秦社稷,立汉社稷。"又通典曰:"汉高祖起,祷丰枌榆社。二年,东击项籍还,入关,因命县为公社。后四年,天下定,诏御史令丰谨理枌榆社。其后,又令县常以春二月及腊祠后稷以羊彘。民里社各自裁以祠。"

后汉社

后汉祭祀志:"光武建武二年,立社稷于洛阳宗庙之左,方坛无屋,有门墙而已。二月、八月祠,皆太牢。郡县置社稷,太守令长侍祠,用羊豕。惟州所治,有社无稷。"

魏国社

通典:"魏自汉后,但大社有稷,官社无稷,故二社一稷也。明帝景初中,立帝社。"

两晋社

通典:"晋武帝太康九年制曰:'社实一神,其并二社之祀。'东晋元帝建武元年,又依洛京二社一稷①。"

①又依洛京二社一稷:通典卷四五吉礼四"二社一稷"前有"立"字。

南朝社

通典:"宋仍晋故。齐武帝永明十一年修仪,其神一,位北向。稷东向。斋官社坛东北南向立,以西为上,诸执事西向①,以南为上。稷名大稷。梁社稷在太庙西。又加官稷②,并前为五坛。陈依梁而帝社,以三牲首,馀以骨体荐焉。"

①诸执事西向:通典卷四五吉礼四句尾有"立"字。

②又加官稷:此不足五坛之数,同上书"官稷"前有"官社"二字。

北朝社

通典:"后魏大兴二年①,置太社、大稷、帝社于宗庙之右,为四方坛,四陛,以二月、八月,日用戊,皆太牢。勾龙配社,周弃配稷。北齐立太社、帝社、大稷三坛于国右。每仲春、仲秋、元辰②,各以太牢祭焉。后周立社稷于国左。"

①后魏大兴二年:"大兴",通典卷四五吉礼四作"天兴",此误。按,"天兴"是北魏道武帝拓拔珪年号(398—403),而"大兴"是晋元帝司马睿年号(318—321)。

②每仲春仲秋元辰:同上书句末尚有"及腊"二字。

隋朝社

通典:"隋文帝开皇初,建社稷,并列于含光门内之右。仲春、仲秋吉戌，各以一太牢祭焉。牲色用黑。郡县并以少牢各祭，百姓亦各为社。"

唐朝社

通典："唐社稷亦于含光门内之右，仲春、仲秋二时戌日，祭太社、太稷。社以勾龙配，稷以后土配①。武后天授三年九月为社，长安四年三月制：'社依旧用八月。'神龙元年，致先农为帝社坛②，于坛西立帝稷坛，礼同太社、大稷。"又唐志曰："开元十九年，停帝稷，而祀神农氏于坛上，以后稷配。"又通典曰："天宝三载，诏：'社稷列为中祀，颇紊大猷。自今已后，社稷升为大祀。'宝历六年③，敕中祀并用少牢。至贞元五年，国子祭酒包佶奏请社稷复依正祀用太牢。从之。"

①稷以后土配："后土"，通典卷四五吉礼四作"后稷"，此误。
②致先农为帝社坛："致"，同上书作"改"，此误。
③宝历六年："宝历"，同上书作"大历"，此误。按，"大历"是唐代宗李豫年号（766—779），而"宝历"是唐敬宗李湛年号（825—826），"宝历"无六年。

皇朝社

长编："太祖初有事于太社，乃诏窦仪定其仪注。仪以开元礼参酌于三代之典，继以进食之际作雍和乐，太社之馔自正门入，配坐之馔自左闼入，皇帝诣罍洗之议①，如员丘。"又元龟云："真宗景德四年,李维言:'天下祭社稷,长吏多不亲行事及阙三献之礼,甚非为民祈福之意。'礼官申明旧典,州县祭社稷礼行三献,致斋三日。"东都事略云:"徽宗崇宁二年,诏曰:'自京师至于郡县,春秋祈祷②,唯社稷为然。今守令乃或器用弗备,粢盛弗蠲,其令监司察不如仪。'"

①皇帝诣罍洗之议:玉壶清话作"仪",此误。按,玉壶清话卷一:"太祖初有事于太社,时国中坠典,多或未修,太社祝文,亦亡旧式,诏词臣各撰一文,誊录糊名以进。上览之,谓左右曰:'皆轻重失中。'独御笔亲点一文,曰:'惟此庶乎得体。'开视之,乃窦仪撰者。文曰:'惟某年太岁月朔日,宋天子某敢昭告于太社,谨因仲春、仲秋,祗率常礼,敬以玉帛,一元大武,柔毛刚鬣,明粢香萁,嘉荐醴馨(许按:"馨",原作"齐",今据本书本卷引玉壶清话改。),备兹禋瘞,用伸报本。敢以后土勾龙氏配神作主。惟神品物,赖之载生,庶类资以含洪。方直所以著其道,博厚所以兼其德,有社者敢忘报乎!尚飨。'遂诏仪定其仪注。公以开元礼参酌于三代之典,继以进熟之际作雍和乐。太社之馈自正门入,配坐之馈自左闱入,皇帝诣罍洗之仪,并如圆丘。"

②春秋祈祷:"祈祷",东都事略作"祈报",此误。按,东都事略卷一〇:"(徽宗崇宁二年九月)甲辰,诏曰:'自京师至于郡县,春秋祈报,遍于天下者,唯社稷为然。今守令不深惟其故,以是为不急之祀,坛壝不修,民得畜牧、种蓻于其间,春秋行事,取其临时。乃或器用弗备,粢盛弗蠲,斋祓弛懈,祼献失度,甚不副朕称秩祀典之意。其令监司,巡历所至,察不如仪者。'"

天子社

蔡邕独断:"天子太社,以五色土为坛。封诸侯者,取其方面土,苴以白茅授之,各以其方色,以立社于其国,故谓之授茅土。汉兴,惟皇子封为王,得茅土。其他功臣以户数租入为节,不授茅土,不立社也。"

王者社

祭法曰:"王为群姓立社,曰太社。王自为立社,曰王社。亡国之社,曰亳社。"太社为天下报功①,王社为京师报功也。

①太社为天下报功:此下二句不见于礼记祭法,应为白虎通义卷三总论社稷中语(见论王者诸侯两社章)。

诸侯社

祭法曰:"诸侯为百姓立社,曰国社。诸侯自为立社,曰侯社。"

大夫社

祭法:"大夫以下成群立社,曰置社。"立名虽异,其神则同,皆勾龙配之。稷,周弃配之。

州县社

国朝会要："州县祭社稷仪，自祥符中定之。"又嘉泰事类云："诸州县春秋社日祭社稷，社以后土、勾龙配，稷以后稷氏配，牲用羊一，豕一，黑币二。官司假宁一日。"

春秋社

提要录："国朝张文琮，出为建州刺史。州尚淫祠，不立社稷，文琮乃下教曰：'春秋二社本于农，今此州废而不立，尚何观焉。'于是始建祀场。"

建酉社

晋嵇含社赋序[①]："社之在于世尚矣，自天子至于庶人，莫不咸用。有汉卜曰丙午，魏氏释用丁未，至于大晋，则社孟月之酉日，各因其行运。三代固有不同，虽共奉社，而莫议社之所由兴也。说文云：'祈请道神为之社。'"后汉蔡邕祝社文曰："元正令午，时惟嘉良。乾坤交泰，太簇运阳。乃祀社灵，以祈福祥。"晋应硕祝社文曰："元首肇建，吉酉辰良。命于嘉宾，宴兹社箱。敬享社君，休祚是将。"

①晋嵇含社赋序：北堂书钞卷一五五"祈请神道谓之祖"条引作"嵇含祖赋"，初学记卷一三则引作"晋嵇含祖道赋"，文中亦皆用"祖"字。考本书所引，恐当出于艺文类聚，艺文类聚卷五岁时下社

引"晋嵇含社赋序",文中皆称"社"。"社"、"祖"未详孰是。

用未社

魏台访议:"帝问:'何用未社丑腊?'王肃曰:'魏,土也,畏木。丑之明日便寅,寅,木也,故以丑腊。土成于未,故岁始未社也。'"

结综社

荆楚岁时记:"社日,四邻并结综会社,牲醪为屋于树下,先祭神,然后享其胙。"郑氏云:"百家共一社。"白虎通云:"社稷有树,表功也。"

鸡豚社

韩文公诗:"愿为同社人,鸡豚宴春秋。"陈简斋诗云:"盍簪共结鸡豚社,一笑相从万事休。"又云:"要为同社宴春秋。"方伯休诗云:"稻叶青青水满塍,夕阳林下赛田神。投身便入鸡豚社,老去人间懒问津。"

歌载芟

诗载芟:"春籍田而祈社稷也。"

颂良耜

诗良耜:"秋报社稷也。"

达天气

礼记:"天子太社,必受霜露风雨,以达天地之气。社所以亲地也①,地载万物也。天垂象,取法于天,所以尊天亲地也。社供粢盛,所以报本反始也。"

①社所以亲地也:以下五句,礼记郊特牲作"社所以神地之道也,地载万物,天垂象,取财于地,取法于天,是以尊天而亲地也"六句。

神地道

礼记云:"社所以神地道也,取地于天①,是以尊天而亲地,故教人美报也。"

①取地于天:文义欠通,礼记郊特牲作"取财于地,取法于天"二句。

撰祝文

玉壶清话:"太祖初有事于太社,时国中坠典,多或未修,太社祝文,亦亡旧式,诏词臣各撰一文,誊录糊名以进。上览之,谓左右曰:'皆轻重失中。'独御笔亲点一文,曰:'惟此庶乎得体。'开视之,乃窦仪撰者。文曰:'惟某年太岁月朔日,宋天子某敢昭告于太社,谨因仲春、仲秋,祗率常礼,敬以玉帛,一元大武,柔毛刚鬣,明粢香萁,嘉荐醴馨,犹兹禋瘗,用伸报本。敢以后土勾龙氏配神位。惟神品物,赖之载生,庶类资以含宏。方直所以著其首,博厚所以兼其德,有社者敢忘报乎! 尚享。'遂诏定其仪。"

享寿星

国朝会要:"景德三年七月,王钦若言:'礼记月令:"八月,命有司秋分享寿星于南郊。"唐开元二十四年七月,敕所司置寿星坛,祭老人星及角、亢七宿。今百神咸秩,而独略寿星,望俾崇祀。'礼院言:'寿星,南极老人星也。尔雅云:"寿星,角、亢也。"注云:"数起角、亢,列宿之长,故云。"唐开元中,上封事者言:"月令:八月,日月会于寿星,居列宿之长。请八月社日,配寿星于太社坛享之。"当时遂敕特置寿星坛。'"

报勋庸

何承天社颂:"社实阴祇,稷惟谷先。霸德方将,时号共工。厥有才子,实曰勾龙。陶唐救灾,决河疏江。弃亦播殖,作乂万邦。克配二社,以报勋庸。"

求丰年

曹植社颂:"于惟太社,官名后土。是曰勾龙,功著上古。德配帝皇,实为灵主。克明播植,农政曰柱。尊以作稷,丰年是与。义与社同,方神此宇。"

卜禾稼

周礼春官肆师:"社之日,莅卜来岁之稼。"

祈粢盛

隋牛弘社歌:"厚地间灵[1],方坛崇祀。建以风露[2],树之松梓。勾萌既申,芟柞伊始。恭祈粢盛,荐膺休社[3]。"

[1]厚地间灵:"间",隋书音乐志下社稷歌辞春祈社、初学记卷一三引隋牛弘春祈社歌辞并作"开",此误。

[2]建以风露:"建",初学记引同,隋书音乐志作"达",疑是。

[3]荐膺休社:初学记引作"孝膺休祉",隋书音乐志作"载膺休祉"。

饮福杯

倦游录:"京师祭社,多差近臣。王禹玉在两禁二十年,熙宁间,复被差,题诗于斋宫曰:'邻鸡未动晓骖催,又向灵坛饮福杯。

自笑治聋知不足,明年强健更重来。'"

治聋酒

海录碎事:"俗言社日酒治聋。"倦游录云:"杨尚书以耳聋致仕,居鄠县别业。同里高氏赀厚,有二子,小字大马、小马。一日,里中社饮,小马携酒一榼就杨公曰:'此社酒善治聋,愿侍杯杓之馀沥。'杨书绝句与之云:'数十年来聋耳聩,可将社酒便能医。一心更愿青肓了,免见高家小马儿。'"杜社日诗云:"共醉治聋酒。"兵部李涛诗云:"社翁今日没心情,为乏治聋酒一瓶。"李涛字社翁。

造环饼

皇朝岁时杂记:"社日,旧四方馆先期下御厨造大环饼、白熟饼、蒸豚,并以酒赐近臣,大率与立春同。白居易有社赐酒饼状,想唐亦有此赐也。"

作馓饼

岁时杂记:"社日,人家旋作馓饼,佐以生菜、韭、豚肉。"

赐社饭

岁时杂记:"社日有漫泼饭,加之鸡饼、青蒿、芫荽、韭以蔽之。

亦尝出自中禁，以赐近辅。"

送社糕

东京梦华录："社日，以社糕、社酒相赍送。贵戚宫院，以猪羊曲、腰子、奶房、肚肺、鸭饼、瓜姜之类，切作棋子片样，滋味调和，铺于饭上，谓之社饭。"

宰社肉

汉陈平传："里中社，平为宰，分肉甚均。里父老曰：'善！陈孺子之为宰。'平曰：'使平得宰天下，亦如此肉矣！'"杜甫社日诗云："陈平亦分肉，太史竟论功。"翁起予社日即事云："平生宰肉手，老矣任乾坤。"

杀社猪

刘贡父诗话："张端为河南司录，府当祭社，买猪，已呈尹。猪突入端[①]，即杀之。史以白尹，尹召问。端对曰：'按律：诸无故夜入人家，主人登时杀之勿论。'尹大笑，为别市猪。"

[①]猪突入端：诗话总龟前集卷三一正讹门引刘贡父诗话句尾有"家"字。

赎社㹨

法苑珠林：“隋大业八年，宜州城民皇甫迁多盗母钱，死之日，其家猪生一㹨子。八月社，卖与远村。遂托梦于妇曰：‘我是汝夫，为盗取婆钱，令作猪偿债，将卖与社家缚杀。汝是我妇，何忍不语？’寤而报姑，姑梦亦如之。迟明，令兄赍钱就社官收赎之。后二年，自死。”

喷社酒

本草云：“社酒喷屋四壁，去蚊虫。纳小儿口中，令速语。此祭祀馀酒者也。”

饮社钱

东京梦华录：“社日，市学先生预敛诸生钱作社会，以致雇倩祗应、白席、歌唱之人。归时，各携花篮、果实、食物、社糕而散。”

罢社祭

魏志：“王修字叔治，年七岁，母以社日亡。来岁邻里社，修感念母，悲哀①。其邻里为罢社。”

①悲哀：三国志魏书王修传作“哀甚”。

值社会

武陵先贤传："潘京为州辟,进谒,值社会,因得见。次及探得'不孝'①,刺史问曰:'辟士为不孝耶?'京举版答曰:'今为忠臣,不得复为孝子。'其机辩如此。"

①次及探得不孝:疑"次及"下脱"问策"二字。按,晋书潘京传:"为州所辟,因谒见问策,探得'不孝'字,刺史戏京曰:'辟士为不孝邪?'京举版答曰:'今为忠臣,不得复为孝子。'其机辩皆如此类。"

降社雨

提要录："社公、社母不食旧水,故社日必有雨,谓之'社翁雨'。"陆龟蒙诗云:"几点社翁雨,一番花信风。"又云:"社日雨,社公以之沐发。"李御史社日书怀云:"社公沐发望年丰,岂谓雨馀仍苦风。"

种社瓜

齐民要术："种丝瓜,社日为上。"又云:"社日,以杵舂百果树下,则结实牢。不实者,亦宜用此法。"

放社假

嘉泰事类："假宁格:二社假一日。"

戒儿女

岁时杂记:"社日,人家皆戒儿女夙兴。以旧俗相传,苟晏起,则<u>社翁</u>、<u>社婆</u>遗粪其面上,其后面黄者,是其验也。"

宜外甥

<u>东京梦华录</u>:"社日,人家妇女皆归外家,晚即归。外翁姨舅,皆以新葫芦儿枣儿为遗。俗云是日归宁,宜外甥。"

求计算

岁时杂记:"社日,小学生以葱系竹竿上,于窗中触之,谓之'开聪明'。或又加之以蒜,欲求能计算也。"

忌学业

岁时杂记:"社日,学生皆给假,幼女辍女工,云是日不废业,令人蒙懂。"

乞聪明

提要录:"稚子社日爬沟,乞聪明,<u>江浙</u>间风俗也。"御史<u>李方叔</u><u>社日书怀</u>云:"<u>社公</u>沐发望年丰,岂谓雨馀仍苦风。未报田间禾颖秀,但惊堂上燕巢空。里人分胙祈微福,稚子爬沟拟乞聪。老病不知秋过半,谩刍新酿要治聋。"李御史之集,洪景卢舍人为其序云。

同俚俗

李伯时春社出郊书事:"千寻古栎笑声中,此日春风属社公。开眼已怜花压帽,放怀聊喜酒治聋。携刀割肉馀风在,卜瓦传神俚俗同。闻说已栽桃李径,隔溪遥认浅深红。"此诗见唐宋诗选,未详卜瓦传神事。

不食醢

岁时杂记:"社日食醢,则至初昏拜翁姑时腰响。或云,立春日忌此。"

得黄金

搜神记:"后汉有应妪,生四子。见神光照社,试探之,乃得黄金。自是诸子官学,并有才名①。"

①并有才名:"才",艺文类聚引作"芳"。按,艺文类聚卷三九引搜神记:"中兴初,有应妪者,生四子,而尽(许按:初学记卷一三引作"昼"。)见神光照社。初试探之,乃得黄金。自是诸子官学,并有芳名。至瑒七世显。"

取天剑

录异传①："贺瑀死三日,苏,云上天,入官府典房②,有印有剑。使瑀唯意取之,瑀取剑出门。问何得,云:'得剑。'曰:'唯使社公耳。'"

①录异传:太平广记引作"录异记"。按,太平广记卷三八三"贺瑀"条引录异记:"会稽山阴贺瑀字彦琚,曾得疾,不知人,惟心下尚温。居三日乃苏,云:吏将上天,见官府,府君居处甚严。使人将瑀入曲房,房中有层架,其上有印及剑,使瑀取之。印虽意所好,短不及上层,取剑以出。问之:'子何得也?'瑀曰:'得剑。'吏曰:'恨不得印,可以驱策百神。今得剑,惟使社公耳。'疾既愈,每行,即社公拜谒道下,瑀深恶之。"

②入官府典房:"典房",同上书作"曲房",此误。

饮神酒

夷坚丙志:"乾道初元,衡山民以社日祀神,饮酒大醉。至暮独归,跌于田坎水中,恍忽如狂,急缘田塍行。至其家,已闭门矣,扣之不应,身自从隙中能入。妻在床绩麻,二子戏于前。妻时时咄骂其夫暮夜不还舍。民叫曰:'我在此。'妻殊不闻,继以怒骂,亦不答。民惊曰:'得非已死乎?'遽趋出,经家先香火位过,望父祖列坐其所,泣拜以告。其父曰:'勿恐,吾为汝恳土地。'即起。俄土地神至,布衣草屦,全如田夫状,具问所以,顾小童,令随民去。相从出门,寻元路,复至坎下,教民自抱其身,大呼数声,蹶然而寤。时妻以夫深夜在外,倩邻人持火索之,适至其处,遂与俱归。"

乞社语

启颜录:"千字文语乞社云:'敬白社官三老等:窃闻政本于农,当须务滋稼穑①。若不云腾致雨,何以税熟贡新?圣上臣伏羌戎,爱育黎首。用能闰馀成岁,律吕调阳。某人等,并景行维贤,德建名立。遂乃肆筵设席,祭祀蒸尝。鼓瑟吹笙,弦歌酒宴。上和下睦,悦豫且康。礼别尊卑,乐殊贵贱。酒则川流不息,肉则似兰斯馨。非直菜重芥姜,兼亦果珍李柰。莫不矫首顿足,俱共接杯举觞。岂徒戚谢欢招,信乃福缘善庆。但某乙索居闲处,孤陋寡闻。虽复属耳垣墙,未曾摄职从政。不能坚持雅操,专欲逐物意移。忆肉则执热愿凉,思酒如骸垢想浴。老人则饱饫烹宰,某乙则饥厌糟糠。钦风则空谷传声,仰惠则虚堂习听。脱蒙仁慈隐恻,庶可济弱扶倾。希垂顾答审详,望减藁荷滴沥。某乙则稽颡再拜②,终冀勒碑刻铭。但知悚惧恐惶,实若临深履薄。'"

①当须务滋稼穑:"滋",太平广记卷二五二"千字文语乞社"条引启颜录作"兹",疑是。

②某乙则稽颡再拜:"则",同上书作"即"。

岁时广记

卷 十五

寒 食 _上

荆楚岁时记曰：“去冬至一百五日，即有疾风甚雨，谓之‘寒食’。”据历，合在清明前二日，亦有去冬至一百六日者，禁火三日，今谓之禁烟节是也，又谓之百五节。洪舍人容斋五笔云[1]：“今人谓寒食为一百五日，以其自冬至之后至清明，历节气五[2]，凡为一百七日，而先两日为寒食故云，他节皆不然也。”提要录云：“秦人呼寒食为熟食日，言其不动烟火，预办熟食过节也。齐人呼为冷烟节。”王君玉诗云：“疾风甚雨青春老，瘦马疲牛绿野深。”又明老诗稿中寒食有句云：“疾风甚雨悲游子，峻岭崇冈非故乡。”又胡仔诗云：“飞絮落花春向晚，疾风甚雨暮生寒。”陈去非道中寒食云：“飞絮春犹冷，离家食更寒。”

[1]容斋五笔云：“五笔”，按此处引文今见容斋随笔四笔“一百五日”条，此误。

[2]历节气五：“五”，同上书作“六”，此误。按，冬至后至清明，历经小寒、大寒、立春、雨水、惊蛰、春分六节气。

百三日

岁时杂记:"去冬至一百三日为'炊食熟',以将禁烟,则饔飧当先具也。而以是日沐浴者,因其炊熟之盛,又从此三日无燂汤之具也。庆历中,京师人家庖厨灭火者三日,各于密室中烹炮,尔后稍缓矣。"

百四日

岁时杂记引假宁格:"清明前二日为寒食节,前后各三日,凡假七日。而民间以一百四日始禁火,谓之'私寒食',又谓之'大寒食'。北人皆以此日扫祭先茔,经月不绝,俗有'寒食一月节'之谚。"

百五日

东京梦华录:"寻常京师以冬至后一百五日为'大寒食'。"岁时杂记又谓之"官寒食"。国朝旧制,冬、正、寒食为三大节,纵民间蒲博三日。江西宗派诗云:"一百五日足风雨,三十六峰劳梦魂。"姚合寒食诗云:"今朝一百五,出户雨初晴。"子由寒食前一日寄子瞻云:"寒食明朝一百五,谁家冉冉尚厨烟。"

百六日

岁时杂记:"断火三日者,谓冬至后一百四日、一百五日、一百六日也。百六日乃小寒食也,杜甫小寒食日诗云:'佳辰强饮食犹寒。'既云'食犹寒',则是一百六日也。元稹连昌宫词云:'初过寒食一百六,店舍无烟宫树绿。'则一百六者,禁烟之第三日也。"又东坡诗云:'细雨晴时一百六,画船箫鼓莫违民。'容斋四笔云:"吾州城北芝山寺,为禁烟游赏之地。寺僧建华严阁,请予作劝缘疏,其末一联云:'大善知识五十三,永壮人天之仰;寒食清明一百六,鼎来道俗之观。'"又李正封洛阳清明雨霁诗云:"晓日清明天,夜来嵩少雨。千门上灯火①,九陌无尘土。"则是百七日开火禁为清明,而前三日禁火明矣。

①千门上灯火:"上灯火",文苑英华卷一五七李正封洛阳清明雨霁作"止烟火",唐文粹卷一七下、全唐诗卷三四七作"尚烟火"。

介之推

春秋僖公二十四年:"晋侯赏从亡者,介之推不言禄,禄亦勿及。之推曰:'身将隐,焉用文?'母曰:'与汝偕隐。'遂隐而死。晋侯求之不获,以绵上为之田,曰:'以志吾过,且旌善人。'"

介子绥

琴操:"晋文公与子绥俱逃,子绥割腓股以啖文公。文公复国,子绥无所得,怨恨,作龙蛇之歌而隐。文公求之,不肯出,乃燔山求之,子绥抱木而死。文公哀之,令民五月五日不得举火。子绥即推也。"

介子推

刘向新序:"晋文公反国,召舅犯而将之,召艾陵而相之,介子推无爵。推曰:'有龙矫矫,将失其所。有蛇从之,周流天下。龙入深渊,得安其所。有蛇从之,独不得甘雨。'遂去而之介山之上。文公求之不获,乃焚山求之,子推烧死。因禁火以报之。"吕夷简寒食诗云:"人为子推初禁火。"

介子推

刘向列仙传:"介子推,晋人也。隐居无名,晋公子重耳异之。与出,居外十馀年,劳而不辞。及还,介山伯子常晨来呼推曰:'可去矣。'推辞禄,与母入山中,从伯常游。后文公遣数千人以玉帛求之,不出。"

洁惠侯

翰府名谈洁惠侯记云:"汾州灵岩县东,有山曰绵田。山下有洁惠侯庙,朝廷锡之号,其神乃世谓介子推也。昔文公遭骊姬之难,削迹燕、赵,窜身齐、楚,山潜水伏,昼隐暮兴,周流天下。起居坐卧,跋涉不舍者十九年,惟子推一人而已。洎文公复国,子犯辈无功而俱受官爵,独遗子推。国人哀其有德于君而不见用,因代子推为歌而悬之国门云:'龙欲上天,五蛇为辅。龙已升云,四蛇各入其宇,一蛇终不见处所。'文公见之,曰:'此必子推之言也。'乃思其人而用之。子推乃请于母曰：'就仕乎？不仕乎？'母曰：'二者汝宜深惟之，与其俯就一时之禄，不若成万世之名。'子推乃入绵田山不出。文公遣人焚山，意子推避火出山。是日烈风，火势雷动，玉石俱焚，草木尽灰，子推竟身为焦尸。里人悯子推之节义，横夭而不得用，乃记其死日，一曰阳来复一百五日也。至其日，不举火，不炊饭，咸食冷物，自兹其日为寒食也。迄今天下皆如此，自洪河之北，尤重此节。先期数日，具膳灭火封灶，无少长咸食冷食。灵岩之民，尤为谨畏，故举火造饭，雷电即至其家。山之顶有地数亩，土石色焦，亦若新过火焉。"

妒女庙

朝野佥载："并州石艾、寿阳二界，有妒女泉，有神庙。泉濆，水深沉，洁澈千丈。祭者投钱及羊骨，皎然皆见。俗传妒女者，介之推妹，与兄竞，去泉百里，寒食不许断木①，至今犹然。女锦衣红鲜，装束盛服，及有人取山丹、百合经过者，必雷风电雹以震之。"

①寒食不许断木："木"，太平广记卷二九一"妒女庙"条引朝野佥载作"火"，此误。按，朝野佥载卷六此条作"举火"。

噪仁乌

王子年拾遗记："晋文公焚林以求介推，有白鸦绕烟而噪，或集介子之侧，火不能焚。晋人嘉之，起一高台，名曰思贤台。或云，戒所焚之山数百里不得设网，呼曰仁乌。俗亦谓乌白臆者为慈乌，则其类也。"又拾遗记云:"文公焚山求子推,时有白鸟烟中毙。"

制木履

殷芸小说曰:"介之推不出,晋文公焚林求之,抱木而死。公抚之尽哀,乃伐木制履,每俯视,则流涕曰:'悲乎,足下!'"

绝火食

魏武帝明罚令:"闻太原、上党、西河、雁门冬至后百五日,皆绝火食寒,云为介子推。且北方沍寒之地,老少羸弱,将有不堪之患。令人不得寒食,犯者,家长半岁刑,主吏百日刑,令长夺一月俸。"

预温食

后汉周举传:"周举迁并州刺史。太原一郡,旧俗以介子推焚骸,有龙忌之禁。至其亡月,咸言神灵禁举火,由是士民每冬中辄一月寒食,莫敢烟爨,老少不堪,岁多死者。举既到州,乃作吊书置子推庙,言盛冬禁火,残损民命,非贤者之意,以宣示愚民,使还预温食。自是众惑少解,风俗顿平①。"注云:"龙,星,木之位也,春见东方。心为火心②,惧火之盛,故为之禁。俗传云子推此日被焚,故禁火也。"容斋三笔云:"然则所谓寒食,乃是中冬,非节令二三月也。"

①风俗顿平:"顿平",后汉书周举传作"颇革",此误。

②心为火心："火心"，同上书李贤注作"大火"，此误。

办冷食

邺中记："并州俗，冬至后一百五日，为介子推断火，冷食三日，作干粥，今之糗是也。"又荆楚岁时记云："昔介子推三月五日为火所焚，并人哀之，每岁春莫，为不举火，因以寒食。至今晋人重此禁，云犯之则雨雹伤其田。"

进寒食

汝南先贤传："太原旧俗，以介子推焚骸，一月寒食，莫敢烟爨。"又奇应录云："太原旧以介子推登山燔燎，一月禁火。至赵石勒建平中废之，暴风折木坏田。"

严火禁

岁时杂记："元丰初，官镇阳。镇阳距太原数百里，寒食火禁甚严。有辄犯者，间里记其姓名，忽遇风雹伤稼，则造其家，众口交遍谪之，殆不能自容，以是相率不敢犯。绍圣年来，江淮之南，寂无此风。闻二浙民俗，以养火蚕，亦于寒食日火云。"

修火禁

太平御览云①："周举移书及魏武罚令、陆翙邺中记并云寒食断火起于子推,琴操所言子绥即推也。"又云:"五月五日,与令有异②,皆因流俗所传。据左传及史记,并无介子推被焚之事。按周礼司烜氏:'仲春,以木铎修火禁于国中。'注云:'谓季春将出火也③。'今寒食节气是仲春之末,清明是三月之初,然则禁火盖周之旧制。"河南程氏外书载伊川先生曰:"寒食禁火,只是将出新火,必尽熄天下之火,然后出之也。世间风俗,盖讹谬之甚耳。"

①太平御览云:此说不确,以下两条皆为盖御览卷三〇引古今艺术图。

②与令有异:"令",同上书作"今",此误。

③谓季春将出火也:"谓",同上书作"为",此误。

煮粳酪

邺中记:"寒食三日作醴酪,又煮粳米及麦为酪,捣杏仁煮作粥。"孙楚祭子推文云:"黍饭一盘,醴酪一盂②。清泉甘水,充君之厨。"今寒食节物有杏酪、麦粥,即其遗风也。又见荆楚岁时记。东坡诗云:"火冷饧稀杏粥稠。"韦苏州诗云:"杏粥犹堪食,榆羹已可煎。"崔鲁春日诗云:"杏酪渐看邻舍粥③,榆烟欲变旧炉灰。"

①醴酪一盂:"一",太平御览卷三〇引孙楚祭子推文作"二"。

②杏酪渐看邻舍粥:"看",苕溪渔隐丛话后集卷一六引崔鲁诗作"香",此误。

作麦粥

玉烛宝典:"今人寒食悉为大麦粥,研杏仁为酪,引饧以沃之。"

白乐天诗云："留饧和冷粥，出火煮新茶。"李义山诗云："粥香饧白杏花天。"宋子京诗云："漠漠轻花着早桐，客瓯饧粥对禺中。"欧阳公诗云："杯盘饧粥春风冷，池馆榆钱夜雨新。"又云："多病正愁饧粥冷。"又云："已改煎茶火，犹调入粥饧。"

为醴饧

岁华纪丽："寒食作醴酪，以大粳米或大麦为之，即今之麦粥也。醴即今之饧是也。"宋考功诗云："马上逢寒食，春来不见饧。洛中逢甲子，何日是清明。"又沈云卿咏驩州不作寒食云："海外无寒食，春来不见饧。"江西诗体云："齿软不禁寒食饧。"

卖稠饧

东京梦华录："一百五日，都城卖稠饧、麦糕、乳粥酪、乳饼之类最盛。"东坡诗云："不比卖饧人。"又有吹箫卖饧事，宋子京寒食诗云："草色引开盘马路，箫声吹暖卖饧天。"梅圣俞诗云："千门走马将开榜，广市吹箫尚卖饧。"藜藿野人寒食诗云："流水有人题坠叶，吹箫何处卖煎饧。"

染青饭

零陵总记："杨桐叶细冬青，临水生者尤茂。居人遇寒食，采其叶染饭，色青而有光，食之资阳气，谓之杨桐饭。"道家谓之青精乾石飢饭^①。彭祖云^②："大宛有青精先生。"青灵真人^③，藿山道士邓伯元者^④，受青精饭法，能冥中夜书。陶隐居登真隐诀云："太极真人青精乾石飢饭法方授王褒。"又圆散十法中有精石饭，注云："上仙灵方，服之令人童颜。"杜甫诗云："岂无青精饭，使我颜色好。"皮日休诗云："半月始斋青飢饭^⑤。"东坡诗云："赤松馈青精。"谢伯任云："诸书并无'飢'字，按道藏经音义云：'飢，一作枫，亦作飢，并音信，又音峻。'赤松，赤松子也。"

①道家谓之青精乾石飢饭："飢"，太平御览卷六七一引登真隐诀作"飩"。见下注。

②彭祖云：太平御览引作"彭祖传云"。按，太平御览卷六七一引登真隐诀："青精飩饭方，按彭祖传云：'大宛有青精先生，能一日九食，亦能终岁不饥。'即是此矣，真上仙之妙方，断谷之奇灵也。清虚真人说，霍山中有学道者邓伯元、王玄甫，受服青精石饭、吞日景之法，能夜中书。"

③青灵真人："青灵"，同上书作"清虚"，且句尾有"说"字。

④藿山道士邓伯元者："藿山"，同上书作"霍山"。

⑤半月始斋青飢饭："月"，松陵集（唐皮日休撰）卷六江南道中怀茅山广文南阳博士三首（其一）作"日"。

炊绀饭

登真隐诀："神仙王君青飢饭方云：此饭用白米一斛五斗，得稻有青衣佳，如豫章西山青米、吴、越青龙稻米是也。盖青米里虚而受气，故堪用之。取南烛草木叶五斤，煮汁渍米，炊即洒之，令饭作绀青也。服二合,填胃补髓,杀三虫,神仙食之。"按本草木部有南烛枝:"久服轻身长年,令人不饥,能益颜色。取汁炊饭,名乌饭,又名黑饭。唐高宗幸嵩山,至逍遥谷,见室中大瓠,问潘师正,答曰:'中有青䭀。昔西城王君以南烛草为之,服食得道。'乃命道士叶法善往江东,造青䭀饭。变白去老,取茎叶捣碎渍汁,浸粳米,九浸九蒸九暴,米粒紧小,正黑如瑿珠。袋盛之,可适远方。日进一合,不饥,益颜色,坚筋骨,能行。取汁炊饭,名乌饭,亦名乌草,亦名牛筋,言食之健如牛筋也。色赤,名文烛,生高山,经冬不凋。日华子云:'名乌饭草,又名南烛。'"郑畋诗云:"圆明青䭀饭,光润碧霞浆。"山谷诗云:"饥蒙青䭀饭,寒赠紫陀衣①。"

①寒赠紫陀衣:"衣",黄山谷诗注卷一陈荣绪惠示之字韵诗推奖过实非所敢当辄次高韵三首(其三)作"尼",疑此误。

造枣鍋

东京梦华录:"京师以寒食前一日,谓之'炊熟',用面造枣鍋、飞燕,柳条串之,插于门楣,谓之'子推燕'。"又吕原明岁时杂记云:"以枣面为饼,如此地枣菰而小,谓之'子推穿'。以杨枝插之户间,而不知何得此名也。或谓昔人以此祭介子推,正犹角黍祭屈原焉。"艺苑雌黄云:"以面为蒸饼样,团枣附之,名曰枣鍋。"

蒸糯米

岁时杂记:"寒食,以糯米合采蒻叶裹以蒸之,或加以鱼肉、鹅、鸭卵等。又有置艾一叶于其下者。"

冻姜豉

岁时杂记:"寒食,煮豚肉并汁露顿,候其冻取之,谓之'姜豉'。以荐饼而食之,或剜以匕,或裁以刀,调以姜豉,故名焉。"

镂鸡子

唐史:"寒食,进杂彩、鸡子。"景龙文馆记云:"寒食,赐镂鸡子。"玉烛宝典曰:"寒食节,城市尤多斗鸡卵之戏。管子曰:'雕卵熟斫之,所以发积藏,散万物。'"

画鸭卵

邺中记:"寒食日,俗画鸭子以相饷。"张衡南都赋曰:"春卵夏笋,秋韭冬菁。"

畜食品

岁时杂记:"京都寒食多畜食品,故谚有'寒食十八顿'之说。又云'馋妇思寒食,懒妇思正月',盖正月多禁忌女工也。"

煮腊肉

岁时杂记:"去岁腊月糟豚肉挂灶上,至寒食取以啖之。或蒸或煮,其味甚珍。"

设馓饼

尚书故实:"晋书中有饭食名寒具者,亦无注解处。后于齐民要术并食经中检得,是今所谓馓饼也。柏玄尝或陈法书名画请客,有食寒具不濯手而执书画,因有涴。玄不怿,自是会客不设寒具。"

供良酝

秦中岁时记:"寒食,内宴宰执以酴醾酒。"王立之诗话云:"酴醾,本酒名也。以花颜色似之,故取以为名。"按唐百官志:"良酝署令进御,则供酴醾、桑落之酒。"

饮梨花

云齐广录[①]:"汝阳溪穆清叔因寒食纵步郊外,见数少年共饮于梨花下。穆长揖就坐,众皆哂之。或曰:'能诗否?'即以'香轮莫碾青青破,留与愁人一醉眠'为韵,各赋梨花诗。清叔得'愁'字,诗曰:'共饮梨花下,梨花插满头。清香来玉树,白蚁泛金瓯。妆靓青娥妒,光凝粉蝶羞。年年寒食夜,吟绕不胜愁。'众客阁笔。"东坡诗云:"梨花寒食隔江路。"又古诗云:"梨花寒食天。"陈简斋诗云:"寒食清明惊客意,暖风迟日醉梨花。"

①云齐广录:"齐"、"斋"字可通,但作为书名,亦当以"斋"字为准。按,郡斋读书志(衢本)卷一三:"云斋广录十卷,右皇朝政和中李献民撰。分九门,记一时奇丽杂事,鄙陋无所稽考之言为多。"

插柳枝

岁时杂记:"今人寒食节,家家折柳插门上,唯江、淮之间尤盛,无一家不插者。北人稍办者,又加以子推。"

装花舆

金门岁节:"寒食,装万花舆,煮杨花粥。"

挂暑面

琐碎录:"寒食日,以纸袋盛面,当风处,中暑调水饮之。"

服强饧

外台秘要:"治蛟龙瘕,寒食饧三升,每服五合,日三服,遂吐蛟龙。开皇六年,有人正月食芹得之,其病发似痫,面色青黄。服寒食强饬二升，日三吐，出蛟龙，有两头及尾，是其验也。"

烧饭灰

本草："寒食饭，主灭瘢痕。有旧瘢及杂疮，并细研傅之。饭灰，主病后食病①。"又云："寒食大麦粥，有小毒，主咳嗽，下热气，调中，和杏仁作之佳也。"

①主病后食病："食病"，证类本草卷二六引陈藏器本草拾遗作"食疗"，此误。

畜井水

岁时杂记："世传妇人死于产蓐者，其鬼唯于百五日得自湔濯，故人家前一日皆畜水，是日不上井以避之。"

设梭门

岁时杂记："人间旧不知梭门之制，元丰年，修景灵宫十一殿成，其国忌日适在寒食节假中者，百官趋行香，见梭门与秋千并建于庭中，梭门似球门而小，但不见设梭。"

画图卷

新唐书艺文志："谈皎画武惠妃舞图、佳丽寒食图、佳丽伎乐图一卷。"谈氏家传云："开元中有皎者,善画。"

看花局

释仲殊花品序："每岁禁烟前后,迟日融和,花既劳矣,人亦乐矣。于是置酒馔,命乐工,以待宾赏花者,不问亲疏,谓之看花局。故里谚云:'弹琴种花,陪酒陪歌。'"

改诗歌

乌台诗话："东坡与郭生游于寒溪,主簿吴亮置酒。郭生善作挽歌,酒酣发声,坐为凄然。郭生言:'恨无佳词。'因为略改乐天寒食诗歌之,坐客有泣者。其词曰:'乌啼鹊噪昏乔木,清明寒食谁家哭。风吹旷野纸钱飞,古墓累累春草绿。棠梨花映白杨路,尽是死生离别处。冥漠重泉哭不闻,萧萧暮雨人归去。'每句杂以散声。"

遵唐律

说苑①："兴国中,高昌入贡。言其国有唐敕律:'开元九年三月九日寒食。'至今遵用之。"

①说苑:绀珠集作"谈苑"。按,绀珠集卷一三"高昌寒食"条:"谈苑:'兴国中,高昌入贡,言其国无历,有唐敕律为"开元九年三月九日寒食",至今遵用之。'"

用唐历

挥麈前录："太平兴国六年五月,诏遣供奉官王延德、殿前承旨白勋使高昌,七年四月乃至高昌。八年春,与其谢恩使凡百馀人,循旧路而还,雍熙元年四月至京师。延德等叙其行程来上,云:'高昌用开元七年历,以三月九日为寒食,馀二社、冬至亦然。以银或鍮为筒贮水,激以相射,或以水交泼为戏,谓之压阳气去病。'"

岁时广记

卷十六

寒食 下

望南庄

五代史:"晋出帝天福八年三月寒食①,望显陵于南庄②,焚御衣、纸钱。"注云:"焚衣野祭之类,闾巷之事。"

①天福八年三月寒食:"三月",新五代史作"二月",此误。按,新五代史晋本纪九:"(出帝八年二月)庚午,寒食,望祭显陵于南庄,焚御衣、纸钱。"注:"焚衣野祭之类,皆闾巷人之事也,用之天子,见礼乐坏甚。"

②望显陵于南庄:同上书"望"下有"祭"字。

祭西郊

五代史:"唐庄宗同光三年三月寒食,望祭于西郊",俚俗之祭。

"周太祖广顺元年三月寒食[1]，望祭于蒲地[2]"，佛寺名也。"二年三月丁巳朔寒食，望祭于郊。"

①广顺元年三月寒食："三月"，新五代史作"二月"，此误。按，新五代史周本纪一一："（太祖广顺元年二月）癸丑，寒食，望祭于蒲池。"注："蒲池，佛寺名也。"

②望祭于蒲地："蒲地"，同上书作"蒲池"，此误。

荐雷车

礼志："天宝二年，诸陵常以寒食荐饧粥、鸡球、雷车子。"海录碎事云："诸陵戏物也。"

奉春衣

岁时记及辇下岁时记曰："寒食，内人诸陵荐春色衣。"

焚纸钱

五代周本纪后序："寒食野祭而焚纸钱，则礼乐政刑几何其不坏矣。"

有破散

五代会要："奉先之道，无寒食野祭之礼。近代庄宗每年寒食出祭,谓之'破散'。则今人有破散之语,自后唐庄宗始也。"

进节物

文昌杂录:"唐岁时节物,寒食则有假花、鸡球、镂鸡子、干堆蒸饼、饧粥。"

献彩球

唐百官志:"中尚书①,寒食,献彩球。"

①中尚书:新唐书作"中尚署",此误。按,新唐书百官志三:"中尚署,令一人,从七品下;丞二人,从八品下。掌供郊祀圭璧及天子器玩、后妃服饰雕文错彩之制","岁二月,献牙尺。寒食,献球。五月,献绶带。夏至,献雷车。"

赐草台

唐酉阳杂俎:"寒食,赐侍臣帖彩球,绣草官台①。"

①绣草官台:"官",酉阳杂俎作"宣",此误。按,酉阳杂俎卷一忠志:"寒食日,赐侍臣帖彩球,绣草宣台。"

贡食料

唐六典:"膳部,有节日食料。"注:"谓寒食麦粥。"

宴近臣

杨汉公传:"会寒食宴近臣,帝自击球为乐。"

休假务

嘉泰事类假宁格:"寒食假五日,前后各二日休务。"又军防格云:"寒食,诸军住教三日。"

展墓荐

钱状元世范:"寒食墓祭,前辈讥之,以为吉礼不可用于野也。礼:奔丧不及殡则之墓,去国则哭于墓,宗子去国而庶子无爵,则不敢以祭于庙。于是有望墓为坛,以时祭者,魂气无不之,墓则体魄所藏也。如此设祭,义亦可行。但古人时祭,必具牲鼎,行之于墓,于事非便,故有为坛而祭之仪。今时祭之外,特具寒食,展墓而荐之,亦复何害?"

定墓仪

唐侍御郑正则祠享仪云:"仪礼及开元礼四仲月祭享,皆以卜筮择日。士人多游宦远方,或僻居村间,无蓍龟处,即一取分、至,亦不失礼经之意。古者士以上皆有庙,庶人祭于寝,无墓祭之文。春秋左传云:'辛有适伊川,见披发于野而祭者,曰:"不及百年,此其戎乎!"竟为陆浑氏焉。'汉光武初纂大业,诸将出征,有经乡里者,诏有司给少牢,令拜扫以荣之。曹公过桥玄墓致祭,其文凄怆。寒食墓祭,盖出于此。"又司马温公展墓仪定以寒食。

望墓祭

唐书①:"开元二十年四月二十九日敕:'寒食上墓,礼经无文,近代相传,浸以成俗,士庶既不庙享,何以用展孝思?宜许上墓,同拜扫礼。于茔门外奠祭,彻馔讫,泣辞,食馀胙仍于他处,不得作乐。'"若士人身在乡曲,准敕墓祭,以当春祠为善。游宦远方,则准礼望墓以祭可也。有使子弟皂隶上墓,或求馀胙,随延亲知,不敬之甚。

①唐书:旧唐书、新唐书中均未见此敕,今惟通典卷五二上陵、唐会要卷二三寒食拜扫载之,疑此误。

辨墓域

钱状元世范:"礼有'祝'有'宗人',专职祭祀,不治他业。故能审知鬼神之仪,昭穆之位,以所祝辞号之别①。今人无之,而田巷之祝,又皆鄙俚,宜择审其可用者,因为家祝,稍稍训习,使知吾家世系、昭穆、坟墓之详。每岁寒食,巡行墓兆,辨其疆域,传之子孙,世世掌之。仍以赡茔之租有馀,量给其佣。若老成凋谢,而后生出来,有所稽考。"

①以所祝辞号之别:"以",疑当作"及"。

遣奠献

孙氏仲享仪:"开元九年敕:'士庶有不合立庙,但祭于寝,何以展于孝思?许寒食上墓。今卿大夫家有庙,至寒食,亦携馔上墓,浸而成俗。或伯叔兄弟,各在一方,且拘官守,不敢离位。至寒食,准逐处各自遣子弟亲仆奠献。'"又吕氏家祭仪云:"凡寒食展墓,有荐一献,守官者遣其子弟行。"

依家享

周氏祭录:"寒食,掌事设位于茔门左百步,西面。于茔南门外设主人位于东,西面。主人至,换公服,无官常服,就位再拜。赞者引主人奉行坟茔,情之感慕,有泣无哭。至封树外,展省三周,有摧缺即修补,如荆棘草莽接连,皆芟除,不令火田得及。扫除讫,主人却复茔门外,既设位,辨三献,一依家享。主人已下执笏,就罍洗后,执爵奠酒毕,赞祝。"郑氏祠享仪曰:"维某年岁次某月,官阶某乙,谨以柔毛刚鬣,明粢嘉蔬,酤齐庶馐之礼,敢昭告于祖考某官,祖妣某氏夫人,时维寒食,春露既濡,卉木荣茂,触绪凄怆,感怀难胜。尚享。"

以时祀

周元阳祭录:"开元敕许寒食上墓,则先期卜日。古者宗子去他国,庶子无庙,<u>孔子</u>许墓以时祭。即今之寒食上墓,义或有凭,唯不卜日耳。今或羁臣寓于他乡,不及此时拜扫松槚,则寒食在家,不可祠祭。"又<u>通典祭仪</u>云:"寒食上墓,如拜扫仪,唯不占日。"

设位席

　　<u>徐润家祭仪</u>:"案开元制,寒食上墓,仪如拜扫,但不卜日。古者宗子去在他国,庶子无庙,<u>夫子</u>许望墓为坛,以时祭之。即今之上墓,义凭于此。然神道尚幽,不可逼黩。宜于茔南门之外,设净席为位,望而祭之以时馔,如平生嗜。若一茔数坟,每坟各设位席,昭穆异列,以西为上。三献礼毕,彻馔,主人已下泣辞茔。食馔者,可于僻处,不当坟所,此亦孝子之情者也。"

祭诸阉

　　<u>玉泉子</u>:"<u>杜宣猷</u>大夫自<u>闽中</u>除<u>宣城</u>,中官之力也。诸道每岁进阉人所谓私白者,<u>闽</u>为首焉,且多任用。以故大阉已下,桑梓多系<u>闽</u>焉,时以为中官薮泽。<u>宣猷</u>既至,每岁寒食节,辄散将吏①,荷锲食物,祭诸阉墓,所谓洒扫也,故时号为敕使看墓。"

　　①辄散将吏:<u>太平广记</u>卷二三九"杜宣猷"条引<u>玉泉子</u>"将吏"前有"遣"字。

号北面

　　<u>柳宗元贻许孟容书</u>:"近世礼重拜扫,今已阙者四年矣。每遇

寒食,则北面长号^①,以首顿地。"

①则北面长号:"北面",柳宗元集卷三〇寄许京兆孟容书作
"北向"。

秋千戏

荆楚岁时记:"春节,悬长绳于高木,士女袨服坐其上,推引之,
名秋千。楚俗谓之拖钩^①,涅槃经谓之胃索。"又字书云:"秋千,绳
戏也。"陈简斋清明诗云:"不用秋千并蹴踘,只将诗句答年华。"韦
庄长安清明诗云:"紫陌乱嘶红叱拨,绿杨高映画秋千。"

①楚俗谓之拖钩:"拖钩",绀珠集(宋朱胜非撰)卷五引荆楚
岁时记作"施钩"。

山戎戏

古今艺术图:"寒食秋千,本北方山戎之戏,以习轻趫者也。后
人因之,每至寒食而为戏乐之事。后中国女子学之,乃以彩绳悬树
立架,曰秋千。或云齐桓公北伐山戎,此戏始传中国。"

半仙戏

天宝遗事:"天宝宫中,至寒食节,竞竖秋千,令宫嫔戏笑,以为
宴乐,帝呼为'半仙戏',都人士女因而呼之。"

后庭戏

王延寿千秋赋:"秋千,古人谓之'千秋',或谓出汉宫后庭之戏,祝辞也①。后人妄易其字为'秋千',而语复颠倒,不本意,又旁加以'革',实未尝用革。"山谷诗云:"未到清明先变火②,还依桑下系千秋。"又云:"穿花蹴踏千秋索,桃花嬉游二月晴③。"

①祝辞也:艺苑雌黄"祝"字后有"寿"。按,苕溪渔隐诗话后集卷三二引艺苑雌黄:"荆楚岁时记:'春节,悬长绳于高木,士女袨服坐立其上,推引之,名秋千。楚俗谓之施钩,涅槃经谓之胃索。'古今艺术图曰:'秋千,北方山戎之戏,以习轻趫者。或云齐桓公(许按:原作"齐威公",今据本书前文改。)北伐山戎,此戏始传中国。然考之字书,则曰:"秋千,绳戏也。"今其字从革,实未尝用革。'按王延寿作千秋赋,正言此戏,则古人谓之千秋,或谓出自汉宫祝寿辞也,后人妄易其字为秋千,而语复颠倒耳。山谷诗:'未到清明先禁火,还依桑下系千秋。'又云:'穿花蹴踏千秋索,挑菜嬉游二月晴。'皆用'千秋'字,盖得其实也。"

②未到清明先变火:"变",同上书作"禁",此误。按,山谷集外集卷一三观化十五首(其五):"一原风俗异衣裘,流落来从绵上州。未到清明先禁火,还依桑下系千秋。(事具王延寿千秋赋。)"

③桃花嬉游二月晴:"桃花",同上书作"挑菜",此误。按,山谷集外集卷一三次韵元礼春怀十首(其七):"穿花蹴踏千秋索,挑菜嬉游二月晴。已被风光催我老,懒随儿辈绕春城。"

绳橛戏

秦中岁时记:"寒食节,内仆司车与诸军使为绳橛之戏。合车辙道两头打大橛,张绳橛上,高二尺许,须紧榜定。驾车盘转碾轮于绳上过,不失者胜,落轮绳下者输。装饰车牛[1],赌物以千计[2]。"

①装饰车牛:类说卷四引秦中杂记句前有"皆"字。

②赌物以千计:同上书作"赌物动以千计"。

蹴踘戏

刘向别录:"寒食,蹴踘,黄帝所造。或云起于战国之时,乃兵势也。所以讲武,知有材也。按踘与球同,古人蹴蹴以为戏。"杜甫清明诗云:"十年蹴踘将雏速[1],万里秋千习俗同。"又裴说寒食诗云:"画球轻蹴壶中地,彩索高飞掌上身。"

①十年蹴踘将雏速:"速",杜诗详注卷二二清明二首(其二)作"远"。

击球戏

岁时杂记:"寒食节,京师少年多以花球棒为击踘之戏。又为儿弄者,或以木,或以泥,皆以华丽为贵。"

蒲博戏

岁时杂记:"都城寒食,大纵蒲博,而博扇子者最多,以夏之甚迁也。民间又卖小秋迁，以悦儿童。团沙为女儿，立于上，亦可举之往来上下。又以木为之而加彩画者，甚精。"

竹笼儿

岁时杂记："寒食，又作竹笼儿，大率如寄信物小庵。以片竹为檐，插柏枝，加以木刀枪、小旗、小扇、小射、帖弓箭，缀以瓦铃。"

小车儿

岁时杂记："寒食，又造辒辌以卖。其长尺许，其大称之。以木为之者最精，亦有编竹为之者。其粗者，桃花车儿，辕、轮、帘、盖皆具，以木为牛，皆可运行。或为载土车、水车，其制不一。"

约乐妓

古今词话："泸南营二十馀寨，各有武臣主之。中有一知寨，本太学士人，为壮岁流落，随军边防，因改右选，最善词章。尝与泸南一妓相款，约寒食再会。知寨者以是日求便相会，既而妓为有位者拉往踏青，其人终日待之不至。次日，又逼于回期，然不敢轻背前约，遂留驻马听一曲以遗之而去。其词曰：'雕鞍成漫驻。望断也不归，院深天暮。倚遍旧日，曾共凭肩门户。踏青何处所。想醉拍、春衫歌舞。征旆举。一步红尘，一步回顾。　行行愁独语，想媚容、今宵怨郎不住。来为相思苦。又空将愁去，人生无定据。叹后会、不知何处。愁万缕。仗东风、和泪吹与。'亦名<u>应天长</u>。妓归见之,辄逃乐籍,往寨中从之,终身偕老焉。"

得故婢

<u>唐末遗史</u>[①]:"<u>唐崔郊</u>之姑有婢端丽,<u>郊</u>尝私之。他日,姑鬻婢于司空<u>于頔</u>家,得钱四十万。<u>郊</u>因寒食出游,婢见<u>郊</u>,立于花阴之下。<u>郊</u>因作诗,密以赠之,曰:'公子王孙逐后尘,<u>绿珠</u>垂泪滴罗巾。侯门一入深如海,从此<u>萧郎</u>是路人。'疾<u>郊</u>者录诗以示,<u>頔</u>召<u>郊</u>,执其手曰:'诗,公所作也? 四十万小哉,何不早言。'以婢赠<u>郊</u>。"

[①]唐末遗史:<u>诗话总龟前集卷二六寄赠门</u>上作"唐宋遗史",此误。

荐亡女

<u>夷坚丁志</u>:"<u>绍兴</u>末,<u>淮阴</u>小民丧其女。经寒食节,欲作佛事荐,严寒而无资。其母截发鬻之,得六百钱。出街,将寻僧。会有五人过门,迎揖作礼,告其故,皆转相推避。良久,一僧始留,曰:'今日不携经文行,能自往假借否?'妇人访诸邻,得<u>金光明经</u>一部以授。僧方展卷启白,妇人涕泪如雨。僧恻然曰:'不谓汝悲痛若此,吾当就市澡浴以来,为汝尽心。'既至,洁诚持诵,具疏回向毕,乃受钱归。遇向同行四人者于茶肆,扣其所得,邀与共买酒。已就坐,未及举杯,似闻窗外有女子呼声,独经僧起应之,泣曰:'我乃彼家亡女也,沦滞冥路已久,适蒙师课经精专之功,遂得超脱。<u>阎王</u>

已敕令受生，文符悉具，但未用印耳。师若饮酒破斋，则前功尽弃，实为可惜，能忍俟明日乎？'僧大感惧，以语众，皆悚然而退。"

瘗戍妇

酉阳杂俎："荆州民郝惟谅，性粗率，勇于私斗。会昌二年寒食日，与其徒游于郊外，蹴鞠角力，醉卧冢间。宵分始寤。将归。道左值一人家，室绝卑陋，遂诣乞浆。有一妇，姿容惨悴，服装素雅，方向灯纽缝①。良久，谓郝曰：'知君胆气，故敢请托。妾本秦人，姓张，健儿李欢妻，欢太和中戍边不返。遘厉疾而殁②，为邻里殡此，已逾一纪。迁葬无因，肌骨离散，魂神恍惚，如醉如梦。君或使遗骸归土，精爽有托，斯愿毕矣。'郝曰：'薄力不办，如何？'妇曰：'某虽为鬼，不废女工。常造雨衣，与胡氏佣作，数岁矣。所聚十三万，葬备有馀。'郝诺而归。访之胡氏，物色皆符，乃具以告。即与偕往殡所，毁涂视之，散钱培㯂，数如所言。胡氏与郝，哀而瘗于鹿顶原。是夕，见梦于胡、郝。"

①方向灯纽缝："纽"，酉阳杂俎续集卷三"荆州百姓郝惟谅"条作"纫"，此误。

②遘厉疾而殁：同上书句首有"妾"字。

见鬼男

录异记："校书郎张仁宝，素有才学，年少而逝，自成都归葬阆中，权殡东津寺中。其家寒食日，闻扣门甚急，出视无人，唯见门上有芭蕉,上有题曰:'寒食家家尽禁烟,野棠风坠小花钿。如今空有孤魂梦,半在嘉陵半锦川。'举族惊异。端午日,又闻扣门。其父于门罅伺之,乃见其子,足不践地,门上题云'五月五日天中节',题未毕,其父开门,即失所在。顷之克葬,不复至矣。"

问故夫

夷坚丙志:"王德少保葬于建康数十里间,绍兴三十一年,其妻李夫人以寒食上冢,先一夕宿城外。五鼓而行,至村民家少憩,天尚未明。民知为少保家,言曰:'少保夜来方过此,今尚未远。'夫人惊问其故,答曰:'昨夜过半,有马军数十过门。三贵人下马叩户,以钱五千买谷秣马,良久乃去。意貌殊不款曲。密询后骑,曰:"韩郡王、张郡王、王少保以番贼欲作乱,急领兵过淮北捍御也。"'夫人命取所留钱,乃楮镪耳,伤感不胜情。祀毕还家,得疾而卒。是年四月,予在临安,闻之于媒妪刘氏,不敢与人言,但密为韩子温道之。及秋末,虏果入寇。"

悟破鱼

夷坚乙志:"处州龙泉县米铺张氏之子,十五岁,尝携鲜鱼一篮,就溪边破之。鱼拨刺不已,刀误伤指,痛殊甚。停刀少憩,忽念曰:'我伤一指痛如是,而群鱼刮鳞剔鳃,剖腹断尾,其痛可知,特不能言耳。'尽弃于溪。即日入深山中,依石窦以居,绝不饮食。父母怪儿不归,意其堕水死。明年寒食,乡人游山者始见之,身如枯腊,胸瘠见骨，然面目犹可认，急报其父母来。欲呼以归，掉头不顾，曰：'我非汝家人，无急我。'父母泣而去。后十年，复往视，则肌体已复故，颜色悦泽，人不知所以然。今居山二十馀岁矣。"

惑妖狐

夷坚丁志："高子勉世居荆渚，多赀而喜客。尝捐钱数十万，买美妾，置诸别圃，作竹楼居之，名曰玉真道人。日游其间，有佳客至，则呼之侑席，无事辄终日闭关，未尝时节出嬉。历数岁，当寒食拜扫，子勉邀与家人同出，辞不肯，强之至再三，则曰：'主公有命，岂得终违。我此出必凶，是亦命也。'子勉怪其言，但疑其不欲与妻相见，竟使偕行。玉真乘轿杂于众人间，甫出郊，上冢者纷纷，适有猎师过前，真战栗之声已闻于外。少顷，双鹰往来掠帘外，双犬即轿中曳出，齿其喉，立死。子勉奔救，已无及。容质俨然如生，将举尸，始见尾垂地，盖野狐云。此事绝类唐郑生也。"

得怪鼠

夷坚乙志："邢大将者，保州人。居近塞，以不仁起富。积微劳，得军大将。尝以寒食日，率家人上冢。祀毕饮酒，见小白鼠出入松柏间，相与逐之。鼠见人至，首贴地不动，遂取以归。鼠身毛皆白，而眼足赪红可爱。邢捧置马上，及家即走，不复见。即日百怪毕出，釜鬲两两相抱持而行，器皿易位，猫犬作人言，不可诃叱。邢寝旁壁上脱落寸许，突出小人面，如土木偶。又五日，已长大成一胡人头,长鬣髯髯,殊可憎恶,语音与生人不少异,且索酒肉。<u>邢</u>不敢拒,随所需即与之,稍缓辄怒,一家长少服事之唯谨。凡一岁,<u>邢</u>死,诸怪皆不见。"

岁时广记

卷 十七

清　明

　　吕原明岁时杂记曰："清明节在寒食第三日,故节物乐事,皆为寒食所包。国朝故事,唯自清明日开集禧、太一三日,宫殿池沼,园林花卉,诸事备具。繁台在正东,登楼下瞰,尤为殊观。"石曼卿诗云:"台高地迥出天半,瞭见皇都十里春。"

改新火

　　论语:"钻燧改火。"盖周官爟氏"季春出火"①。然则"出火"为改新火也。杜甫清明诗云:"朝来断火起新烟。"贾岛诗云:"晴风吹柳絮,新火起厨烟。"东坡分新火诗云:"三月清明改新火②。"

　　①盖周官爟氏季春出火:"爟氏",周礼夏官作"司爟"。

　　②三月清明改新火:"月",苏轼诗集作"见"。按,苏轼诗集卷二一徐使君分新火:"临皋亭中一危坐,三见清明改新火。"

取新火

春明退朝录:"周礼:'四时变国火。'谓春取榆柳之火,夏取枣杏之火,季夏取桑柘之火,秋取柞楢之火,冬取槐檀之火。"迂叟诗话云:"唐时,唯清明取榆柳之火,以赐近臣戚里之家。韩翃诗云:'春城无处不飞花,寒食东风御柳斜。日暮汉宫传蜡烛,轻烟散入五侯家。'本朝因之,唯赐辅臣、戚里、帅臣、节察、三司使、知开封府、枢密直学士、中使,皆得厚赐,非常赐例也。"欧阳修诗云:"桐华应候催佳节,榆火推恩忝侍臣。"

进新火

唐辇下岁时记:"长安每岁清明,内园官小儿于殿前钻火,先得上进者,赐绢三匹,金碗一口。"

赐新火

国朝会要:"禁火乃周之旧制,唐及皇朝故事,清明日赐新火,则亦周人出火之事。"欧阳文忠公诗云:"赐火清明忝侍臣。"韦庄长安清明诗云:"内官初赐清明火,上相闲分白打钱。"韩文公寒食直归遇雨云:"惟时新赐火,向曙着朝衣。"

乞新火

魏野诗:"无花无酒过清明,兴味都来似墅僧[①]。昨日邻家乞新火②,晓窗分与读书灯。"陈简斋词云:"竹篱烟锁,何处来新火。"<u>魏野</u>诗云:"殷勤旋乞新钻火,为我新煎<u>岳麓</u>茶③。"

①兴味都来似墅僧:"都来",<u>宋诗纪事</u>卷一〇引<u>合璧事类前集</u>作"萧然"。"墅",<u>古今事文类聚前集</u>卷八<u>魏野</u>清明作"野",此误。

②昨日邻家乞新火:"家",<u>古今事文类聚前集</u>卷八、<u>宋诗纪事</u>卷一〇作"翁"。

③为我新煎岳麓茶:"新煎",<u>岁时杂咏</u>卷一五<u>魏野</u>清明日书谔公房作"亲烹"。

谢新火

<u>唐</u><u>韦绶</u>除宣察,<u>郑处诲</u>为判,作谢新火状曰:"节及桐华,恩颁银烛。"<u>绶</u>曰①:"非不巧,但非大臣所宜言。"

①绶曰:<u>白孔六帖</u>卷四"节及桐华,恩颁银烛"条引此作"绶削之曰"。

汲新泉

<u>东坡诗话</u>①:"仆在<u>黄州</u>,<u>参寥</u>师自<u>武陵</u>来访,馆之。后<u>东坡</u>一日梦<u>参寥</u>诵所作新诗,觉而记两句云:'寒食清明都过了,石泉槐火一时新。'梦中问:'火固新矣,泉何故新?'答曰:'俗以清明日淘井。'后七年,出守<u>钱塘</u>,而<u>参寥</u>始卜居湖上<u>智果院</u>。有泉出石缝间,清泠宜作茶。寒食之明日,仆与客泛舟自<u>孤山</u>来谒。<u>参寥</u>汲泉

钻火,烹黄蘗茶,忽悟所梦诗兆于七年之前,众客惊叹。知传记所载,盖不妄也。"

①东坡诗话:诗话总龟前集卷三三引此,谓出"东坡诗话",实则苏轼无诗话,此则记事今见苏轼全集卷一○一志林,文字略简。

煮新茶

白乐天清明诗云:"出火煮新茶。"东坡诗云①:"已改煎茶火。"又云:"且将新火试新茶。"又云:"红焙浅瓯新活火,龙团小碾斗晴窗。"又云:"新火发茶乳。"

①东坡诗云:"诗",当作"词",此误。按,"已改煎茶火"属东坡词南柯子(晚春)词句,"且将新火试新茶"属望江南(春未老)词句,其下一联一句则为诗句。

馁国老

渑水燕谈:"元丰七年春,文太师告老,奏乞赴阙,亲辞天陛,庶尽臣子之诚。既见,神宗即日对御锡宴,顾问温密,上酌御盏亲劝。数日,将朝辞,上遣中使以手札谕公留过清明,敕有司令与公备二舟,溯汴还洛。清明日,锡宴玉津园,公作诗示同席。将行,特命三省已上赴琼林苑宴钱,复赐御诗送行。"

宴进士

唐辇下岁时记:"清明,新进士开宴,集于曲江亭。既撤馔,则移乐泛舟。又有月灯阁打球之会。"东坡诗云:"饮食嬉游事群聚,曲江船舫月灯球。"

燕百官

西清诗话:"唐朝清明宴百官,肴皆冷食。又至夜而罢。张籍寒食内宴诗云:'朝光瑞气满宫楼,彩纛鱼龙四面稠。廊下御厨分冷食,殿前香骑逐飞球。千官尽醉犹教坐,百戏皆呈未放休。共喜拜恩侵夜出,金吾不敢问行由。'"

朝诸陵

东京梦华录:"寒食第三日即清明也,凡新坟皆用此日拜扫,都人倾城出郊。禁中前月半发宫人车马朝陵,宗望南班近亲,亦分诣诸陵坟享祀,从人皆紫衫白绢三角子青行缠,皆系官给。禁中亦出车马,诣奉先寺道者院祀诸宫人坟,莫非金装绀幰,锦额珠帘,绣扇双遮,纱笼前导。士庶阗塞诸门。"

戏拔河

景龙文馆记:"清明节,命侍臣为拔河戏。以大麻絚,两头系千条小绳①,每绳数人执之以挽,力弱为输。时七宰相二骑马为东朋②,三相五将为西朋。仆射韦巨源、少师唐休璟年老,随緪而踣,久不能起,帝以为笑乐。"

①两头系千条小绳:"千条",类说卷六、绀珠集卷四引景龙文馆记作"十馀"。

②时七宰相二骑马为东朋:"骑马",同上书作"驸马",此误。

治鸡坊

东城父老传:"明皇乐民间清明节斗鸡戏,及即位,治鸡坊,索长安雄鸡,金尾、铁距、高冠、昂尾千数,养于鸡坊,选六军小儿五百,使教饲之。民风尤甚。使诸王、外戚,其后至于倾帑败产市鸡。时贾昌为五百小儿长,天子甚爱幸之,金帛之赐,日至其家。"又云:"明皇以乙酉生而喜斗鸡,是兆乱之象也。"注:杜甫斗鸡篇云:"斗鸡初赐锦,舞马既登床。"陈翰异闻录云:"明皇好斗鸡,人以弄鸡为事。有贾昌者,善养鸡,蒙宠,当时为之歌曰:'生儿不用识文事,斗鸡走马胜读书。贾家小儿年十三,富贵荣华代不如。能令金距期胜负,白锦绣衫随软舆。'"又曹植诗云:"斗鸡长安道,走马长楸间。"

游郊外

东京梦华录:"京师清明之日,四野如市,芳树之下,园圃之内,罗列杯盘,互相酬劝。都城之歌儿舞女,遍满亭台,抵暮而归。各携枣餬炊饼,黄胖掉刀,名花异味,山亭戏具,鸭卵鸡雏,谓之'门外土仪'。轿子即以杨柳杂花装簇顶上,四垂遮映。自此三日,皆出城上坟。"

看车马

唐<u>辇下岁时记</u>:"清明,都人并在<u>延兴门</u>,看人出城洒扫^①,车马喧阗。"

①看人:<u>说郛</u>(四库本)卷六九上引阙名<u>辇下岁时记</u>作"看内人"。

修蚕具

<u>泗人月令</u>^①:"清明节,令蚕妾理蚕室。"又云:"清明日,修蚕具、蚕室,大宜蚕。"

①泗人月令:"泗",<u>齐民要术</u>卷五引作崔寔<u>四民月令</u>,此误。

辟蚿虫

<u>四时纂要</u>:"清明前二日,夜鸡鸣时,取炊汤浇井口、饭瓮,四时辟马蚿百虫。"

采荠枝

<u>琐碎录</u>:"清明日,日未出时,采荠菜花枝,夏夜挑灯,可以免

飞虫。"

取荠菜

提要录:"护生草,谓清明日,取荠菜花,阴干。暑月,置近灯烛处,能令蚊蛾不生。"

贡紫笋

蔡宽夫诗话:"唐茶品虽多,亦以蜀茶为重。惟湖州紫笋入贡,每岁以清明日贡到,先荐宗庙,然后分赐近臣。紫笋生顾渚,在湖、常之二境间。当采时,两郡守毕至,最为盛会。杜牧诗所谓:'溪尽停蛮棹,旗张卓翠苔。柳村穿窈窕,松间渡喧豗。呼回切。'又刘禹锡诗云:'何处人间似仙境,春山携妓采茶时。'又图经云:'顾渚涌金沙泉①,每造茶时,太守已祭拜,然后水渐出。造茶毕,水稍减。至供堂茶毕,已减半。太守茶毕,遂涸。'"

①顾渚涌金沙泉:"涌金沙泉",苕溪渔隐丛话前集卷四六引蔡宽夫诗话作"涌金泉"。

求来禽

王内史书帖有与蜀郡太守书,求樱桃、来禽、日给、藤子。来禽,言味甘来众禽也,故名来禽,俗作林禽。图经云:"林禽,一名来禽,清明开花,六七月成实。"陈简斋清明诗云:"东风也作清明意,开遍来禽一树花。"又诗云："来禽花高不受折，满意清明好时节。"

谒湖阴

　　王直方诗话："丹阳陈辅，每岁清明过金陵上冢，事毕则过蒋山，谒湖阴先生之居，清谈终日，岁率为常。元丰辛酉癸亥，频岁访之不遇，因题一绝于门云：'北山松粉未飘花，白下风轻麦脚斜。身似旧时王谢燕，一年一度到君家。'湖阴归见其诗，吟赏久之，称于舒王，闻之辄笑曰：'此正戏君为寻常百姓耳。'湖阴亦大笑。盖古诗云：'旧时王谢堂前燕，飞入寻常百姓家。'"

遇吕仙

　　述仙记："胡俦，晋陵人也。乾道辛卯，傦居常之三板桥霍氏屋，待荆门守阙犹三年。午间，与馆客对茶，忽闻有道人看命，其声清亮，使邀至。则着黄道服，结青巾，顶带数珠，提棕笠，上写'知命先生，遇仙得术'字。与论五行，甚爱俦命，云'此长年'，又云'合动'。俦答以见待远次，道人云：'不是清明前五日，则清明后七日动。'俦复问：'先生在何处道堂？'答曰：'寻常不喜道堂喧杂，在东庙前何店。'须臾出门，欲追之，已无所见。遣人往寻庙前，亦无有也。俦因悟曰：'岂非"知命"、"何店"有二"口"，必吕公也。'既而清明前五日，相识王邦节推来报：'代者梅世昌改除左藏提辖。'清明后七日，进奏官申到见住人冯忠嘉被召。俦于是益信其为吕公。壬辰秋，在荆门，欲写公像，衣冠并可为，而容貌不得其真。偶一日,便坐对客,忽有一兵至,云:'复州守有书。'又执一青轴,云:'此亦是书。'傫令牙校接之,则云:'去峡州回,取书。'既而客退阅书,寒温外无他语。及启青轴,乃吕公写真,恍如傫向所见者。比因来守滁阳,敬刊诸石,置之天庆观云。"

赐宫娥

丽情集:"明皇时,乐供奉杨恙,以贵妃同姓,宠幸殊常,或谓之'恙舅'。天宝十三载,节届清明,敕诸宫娥艷出东门,恣游赏踏青。有狂生崔怀宝,佯以避道不及,映身树下,睹车中一宫嫔,敛容端坐,流眄于生。忽见一人重戴,黄绿衫,乃恙舅也,斥生曰:'何人在此!'生惶骇,告以窃窥之罪,恙笑曰:'尔是大憨汉,识此女否? 乃教坊第一筝手。尔实有心,当为尔作狂计,今晚可来永康坊东,问杨将军宅。'生拜谢而去。晚诣之,恙曰:'君能作小词,方得相见。'生吟曰:'平生无所愿,愿作乐中筝。得近玉人纤手子,砑罗裙上放娇声,便死也为荣。'恙喜,俄而遣美人相见,曰:'美人姓薛,名琼琼,本良家女,选入宫,为筝长。今与崔郎永奉箕帚。'因各赐薰肌酒一杯,曰:'此酒千岁蔂所造,饮之白发变黑,致长生之道。'是日,宫中失筝手,敕诸道寻求之不得。后旬日,崔因调补荆南司录,即事行李。恙曰:'琼琼好事崔郎,勿更为本艺,恐惊人闻听也。'遂感咽叙别。自是常以唱和为乐。琼有诗云:'黄鸟翻红树,青牛卧绿苔。诸宫歌舞地,轻雾锁楼台。'后因中秋赏月,琼琼理筝弹之,声韵不常,吏辈异之,曰:'近来索筝手甚切,官人又自京来。'遂闻监军,即收崔赴阙,事属内侍司。生状云'杨恙所赐',恙求救贵妃,妃告云：‘是杨二舅与他，乞陛下留恩。’上赦之，下制赐琼琼与崔怀宝为妻。”

访庄妇

本事诗：“博陵崔护，姿质甚美，而孤洁寡合，举进士下第。清明日，独游都城南，得居人庄，一亩之宫，花木丛萃，寂若无人。扣门久之，有女子自门隙窥之，问曰：‘谁耶？’护以姓字对，曰：‘寻春独行，酒渴求饮。’女入，以杯水至，开门设床命坐，独倚小桃，斜倚伫立，而意属殊厚，妖姿媚态，绰有馀妍。崔以言挑之，不对，目注久之。崔辞去，送至门，如不胜情而入。崔亦睠眄而归，尔后绝不复至。及来岁清明日，忽思之，情不可抑，往寻之。门院如故，而已扃锁之。崔因题诗于左扉，怏悒而去。女观诗云：‘去年今日此门中，人面桃花相映红。人面不知何处去，桃花依旧笑春风。’后数日，至都城南，复往寻之。闻其中有哭声，扣门问之。有老父出曰：‘君非崔护耶？’曰：‘是也。’又哭曰：‘君杀吾女。’护惊怛，莫知所答。父曰：‘吾女笄年知书，未适人。自去年以来，常恍惚若有所失。比日与之出，及归，见左扉有字，读之，入门而病，遂绝食数日而死。吾老矣，唯此一女，所以不嫁者，将求君子以托吾身。今不幸而殒，得非君杀之耶！’乃持崔大哭。崔亦感动，请入哭之。尚俨然在床，崔举其首，枕其股，哭而祝曰：‘某在斯，某在斯。’须臾开目，半日复活。老父大喜，归之。”陈后山诗云：“题门吟咏不逢人。”东坡诗云：“去年崔护若重来，前度刘郎在千里。”

见情姬

　　古今词话:"近代有一士人,颇与一姬相惓,无何,为有力者夺去。忽因清明,其士人于官园中闲游,忽见所惓,颇相顾恋。后一日,再往园中,姬掷一书与之。中有一诗,止传得一联云:'莫学禁城题叶者,终身不见有情人。'士人感念,作南歌子一曲以见情,曰:'禁苑沉沉静,春波漾漾行。仙姿才韵两相并。叶上题诗、千古得佳名。　墙外分明见,花间隐约声。银钩掷处眼双明。应讶昔时、不得见情人。'"

惭父婢

　　三水小牍:"湖南观察使李庾女奴曰却要,美容止,善辞令。朔望通札①,谒于亲姻家,惟却要主之,李侍婢数十,莫之偕也。而巧媚才捷,能承顺颜色,姻党亦多怜之。李四子,曰延禧,曰延范,曰延祚,所谓大郎而下四郎也②。皆年少性侠③,咸欲蒸却要而不能也。尝遇清明节,时纤月娟娟,庭花烂发,中堂垂绣幕,背银缸④,而大郎与却要遇于樱桃影中,乃持之求偶,却要取茵席授之,绐曰:'可于厅之东南隅伫立相待,候堂前眠熟,当至。'大郎既去,却要至廊下,又逢二郎调之,却要复取茵席授之,曰:'可于厅中东北隅相待。'二郎既去,又逢三郎束之,却要复取茵席授之,曰:'可于厅中西南隅相待。'三郎既去,又与四郎遇⑤,握手不可解,却要复取茵席授之,曰:'可于厅中西北隅相待。'四人皆去。延禧于角中屏息以待,厅门斜闭,见其三弟比比而至,各趋一隅。少顷,却要燃密炬,疾向厅事,豁双扉而照之,谓延禧辈曰:'阿堵贫儿,争敢向这里觅宿处!'皆弃所携,掩面而走,却要复从而哈之。自是诸子怀惭,不敢失敬。"

①朔望通札:"札",太平广记卷二七五"却要"条引三水小牍作"礼",此误。

②所谓大郎而下四郎也:"四郎",同上书作"五郎"。

③皆年少性侠:"性",同上书作"狂"。

④背银缸:"背",同上书作"皆"。

⑤又与四郎遇:"四郎",同上书作"五郎"。

惊妻梦

河东记:"贞元中,进士独孤遐叔,家于长安崇贤里,新娶白氏女。家贫下第,将游剑南,与其妻诀曰:'迟可周岁归矣。'遐叔至蜀,羁栖不偶,逾二年乃归。取是夕及家,至金门五六里①,天色已昏暝,绝无逆旅,唯路隅有佛堂,遐叔止焉。时近望,月色如昼。系马庭外,入室堂中②,有桃杏数株。更深,施衾裯于西窗之下,偃卧。因吟旧诗曰:'近家心转切,不敢问行人。'至夜分不寐,忽听墙外有人相呼声。须臾,有夫设箕帚于庭中③,设床席,置酒具。遐叔意谓贵族赏会,虑为斥逐,乃潜伏于佛堂梁间伺之。铺陈既毕,有公子女郎十数辈,青衣苍头亦数人,步月徐来,言笑晏晏,间坐筵中,献酬交错。中有一女郎,忧伤憔悴,侧身下坐,风韵若遐叔之妻。窥之大惊,迫而察之,乃真其妻。一少年举杯嘱之曰:'小人窃不自量,愿闻金玉之声。'其妻抑郁悲愁,若强置于坐隅,遂收泣而歌曰:

'今夕何夕,存没耶^④? 良人去兮天之涯。园树伤心兮不见花^⑤。'
满座倾听,其妻转面挥涕。一人曰:'良人非远,何天涯之谓乎?'相
顾大笑。<u>遐叔</u>惊愤,就阶陛间扪一大砖,向坐飞击,而悄无所有。
<u>遐叔</u>怅然悲叹,谓妻已死矣,命驾即归。疾趋入门,青衣报娘子梦
魇方悟。<u>遐叔</u>造寝,妻犹未兴,良久乃曰:'适梦与姑妹之党,相与
玩月,出<u>金光门</u>外,向一野寺,忽为凶暴胁与杂坐饮酒。方饮酒,忽
有大砖飞堕,遂惊魇殆绝,才寤而君至。'其所言梦中聚会谈话,与
<u>遐叔</u>见并同,岂忧愤所感耶^⑥。"

①至金门五六里:"金门",<u>太平广记</u>卷二八一"独孤遐叔"条引
<u>河东记</u>作"金光门"。按,下文正作"金光门"。

②入室堂中:"堂中"二字属下读,"室"同上书作"空",此误。

③有夫设箕帚于庭中:此语摘录过简,语欠分明,同上书作"有
夫役数人,各持畚锸箕帚,于庭中粪除讫,复去。有顷,又持床席、
牙盘、蜡炬之类,及酒具、乐器,阗咽而至"。

④存没耶:同上书作"存耶没耶",此误。

⑤园树伤心兮不见花:"不见花",同上书作"三见花",此误。

⑥岂忧愤所感耶:"忧愤",同上书作"幽愤"。

吊柳七

<u>古今词话</u>:"<u>柳耆卿</u>祝<u>仁宗皇帝</u>圣寿,作醉蓬莱一曲云:'渐亭
皋叶下,陇首云飞,素秋新霁。华阙中天,锁葱葱佳气。嫩菊黄深,
拒霜红浅,近宝阶香砌。玉宇无尘,金茎有露,碧天如水。　整值
升平^①,万机多暇,夜色澄鲜,漏声迢递。<u>南极</u>星中,有老人呈瑞。

此际宸游,风辇何处,动管弦清脆。<u>太一波翻</u>②,披香帘卷,月明风细。'此词一传,天下皆称妙绝。盖中间误使'宸游'、'凤辇'挽章句,<u>耆卿</u>作此词,惟务钩摘好语,却不参考出处。<u>仁宗皇帝</u>览而恶之,及御注差,注至<u>耆卿</u>,抹其名曰:'此人不可仕宦,尽从他花下浅斟低唱。'由是沦落贫窘。终老无子,掩骸僧舍,京西妓者鸠钱,葬于<u>枣阳县花山</u>。既出郊原,有浪子数人戏曰:'这大伯做鬼也爱打哄。'其后遇清明日,游人多狃饮坟墓之侧,谓之'吊柳七'。"

①整值升平:"整",<u>乐章集(宋柳永撰)</u>卷中作"正"。

②太一波翻:"太一",同上书作"太液"。

掩旧墓

<u>博物志</u>:"<u>博陵崔生</u>,住<u>长安永乐里</u>,有旧业在<u>渭南</u>。<u>贞元</u>中,尝因清明归<u>渭南</u>,行至<u>昭应</u>北墟垄间,日将晚,歇马于古道左。北百馀步①,见一女子,靓妆华服,穿越榛莽,如失路焉。<u>崔</u>闲步渐逼,乃以袂掩面,而足趾跌蹶,屡欲仆地。<u>崔</u>使小童觇之,乃二八绝代姝也。因诘之曰:'日暮何无俦侣,而复凄惶于墟间耶?'更以仆马奉送。女郎回顾,意似微纳。<u>崔</u>乃屡而逐之②,以观其远近。女郎上马,一仆控之。北行一二里,到一树林,室甚盛③,桃李芬芳,有青衣数人迎接,捧女郎而共入。顷而一青衣传命曰④:'小娘子因避宴娇醉,逃席失路,遇君子恤以仆马,不然日暮,或值恶人处,狼欺狐媚,何所不加,阖室感戴⑤。且憩,即当奉邀。'顷之,邀<u>崔</u>入宅。<u>玉姨</u>接见命酒,从容叙言:'某<u>王氏</u>外生女,丽艳精巧,人间无双。便欲侍君子巾栉,何如?'<u>崔</u>未遽诺,因酒拜谢于座侧。俄命外生出,

实神仙也。一住三日,宴游欢洽,无不酣畅。忽一日,一家大惊曰:'有贼至。'其妻推崔生于后门,生才出,妻已不见。但自于一穴中出,唯见芫花半落,松风晚清,却省初见女郎之路。见童仆等以锹锸发一墓穴,已至椁中,见铭记曰:'后周赵王女玉姨之墓。平生怜重王氏外生,外生先殁,后令与之同葬。'崔问仆人,'但见郎君入柏林,寻觅不得,方寻掘此穴,果不误也。'玉姨呼崔生奴仆为贼耳。崔生感之,即为掩瘗。"

①北百馀步:"北",太平广记卷三三九"崔书生"条引博物志作"比",此误。

②崔乃屡而逐之:"屡",同上书作"偻"。按,同上书作"崔乃偻而缓逐之"。

③室甚盛:同上书"室"后有"屋"字。

④一青衣传命曰:同上书作"一青衣出,传主母命曰"。

⑤阁室感戴:同上书作"阖室戴佩"。

逢臭鬼

夷坚乙志:"开封人张俨说:政和末年,清明日,太学士人某,与同舍生出郊纵饮。还,缘汴堤而上,见白衣人在后,相去十数步,堂堂一丈夫也,但臭秽逆鼻。初犹意其偶相值,已而接踵入学。问同舍,皆莫见,殊怪之。遽反室,则立左右,叩之不答,叱之则隐。俄忽复见,追随不少置,臭日倍前,士人不胜其惧。或教之曰:'恐君福浅,或为冤所劫,盍还家养亲,无以功名为念,脱可免。'乃如之。甫出京,其人日以远,遂不见。士人家居累年,不能无壹郁。二亲复督使修业,心忘前怪矣,遂如京师参告。逾月,因送客至旧饮酒处,复遇其人,厉声曰:'此度见汝不舍矣!'相随如初,而臭益甚。士人登时恍惚,遂卧病旬日卒。"

跻女冢

博异志:"李昼为许州吏,庄在扶沟。永泰二年春,因清明欲归伯梁河①。先是路傍有冢,去路约二十步,其上无草,牧童所戏。其夜,李昼忽见冢上有穴,大如盘,兼有火光。昼异之,下马跻冢观焉。见五女子,垂华服②,依五方,坐而纫针,俱低头就烛,砭砭不歇。昼叱之一声,五烛皆灭,五女亦失所在。昼恐,上马而走。未上大路,五炬火冢中出,逐昼。昼夜不能脱③,以鞭挥拂,为火所热④。近行十里,方达伯梁河,有犬至,方灭。明日,看马尾被烧尽,及股胫亦烧损。自后遂目此为五女冢,今存焉。"

①因清明欲归伯梁河:太平广记卷三三七"李昼"条引博异志作"因清明归,欲至伯梁河"。

②垂华服:"垂",同上书作"衣",此误。

③昼夜不能脱:"夜",同上书作"走",此误。

④为火所热:"热",同上书作"蒸",此误。

岁时广记

卷十八

上　巳 _上

　　严有翼艺苑雌黄曰:"三月三日,谓之'上巳'。古人以此日禊饮于水滨。"又韵语阳秋曰:"上巳,于流水上洗濯被除,去宿垢,谓之'禊'。禊者,洁也。"又唐文粹鲁令三月三日宴序曰①:"以酒食出于野曰禊饮,古俗也。"又萧颖士蓬池禊饮序曰:"禊,逸礼也,郑风有之。"说者谓始于周礼"女巫,掌岁时被除"之事也。郑注云:"如上巳水上之类②。"后汉书注云:"历法三月建辰,巳即是除③,可以拂除灾也。"则古人止用巳日。今但三日者,按汉书注云:"古时被祭,三月巳日为吉,偶值三日,故后人因以三日为上巳,遂成俗也。"文选王元长曲水诗序云:"粤斯上巳,惟春之暮。"沈约宋书云:"魏以后但用三日,不用上巳④。"今人每岁三月西池之游,是其遗事耳。又曰"上除"。徐都幹齐都赋云⑤:"青阳季月,上除之良。无大无小,被于水阳。"又曰"元巳"。张衡南都赋云:"暮春之禊,元巳之辰。方轨齐轸,被于阳滨。"沈约诗云:"丽日属元巳,年芳俱在斯⑥。"又张华上巳篇云:"姑洗应时月,元巳启良辰。"

①唐文粹鲁令三月三日宴序曰:"鲁令",唐文粹卷九七欧阳詹鲁山令李育三月三日宴僚吏序作"鲁山令"。

②郑注云如上巳水上之类:周礼春官女巫郑玄注作"岁时祓除,如今三月上巳如水上之类"。

③巳即是除:后汉书袁绍传李贤注作"己卯退除",此误。

④不用上巳:宋书礼志二作"不以巳也"。

⑤徐都幹齐都赋云:"徐都幹",盖涉下而衍"都"字。按,初学记卷四引作徐幹齐都赋。

⑥年芳俱在斯:"俱",文选沈休文三月三日率尔成篇一首作"具"。

著令节

新唐书李泌传:"德宗以'前世,上巳、九日,皆大宴,而寒食多与上巳同时,欲以二月名节,自我作古,可乎?'泌请废晦日,著令以中和、上巳、九日为三令节。"杜甫上巳诗云:"招寻令节同。"

展十日

容斋续笔:"唐文宗开成二年,归融为京兆尹。时两公主出降,府司供帐事繁,又俯近上巳曲江宴,奏请改日。上曰:'去年重阳取九月十九日,未失重阳之意,改取十三日可也①。'"

①改取十三日可也:容斋随笔续笔卷一"重阳上巳改日"条句前有"今"字。

按周礼

风俗通:"按周礼:'女巫,掌岁时以被除疾病。'禊者,絜也。故于水上盥絜之也。巳者,祉也。邪疾已去,祈介祉也。"郑注云:"今上巳水上之类也①。"东坡诗云:"犹当洗业障,更作临水禊。"

①上巳水上之类也:周礼春官女巫郑玄注"上巳"后有"如"字。

观郑俗

韩诗曰:"溱与洧方洹洹兮,惟士与女方秉兰兮。"注云:"洹洹,盛貌,谓三月桃花水下之时至盛也。秉,执也。当此盛流之时,众士与众女,方执兰拂除邪恶。郑国之俗,三月上巳,于溱、洧两水之上,招魂续魄,秉兰草,拂除不祥,故诗人愿所与悦者俱往观之。"杜甫清明诗云:"路逢少壮非吾道①,况乃今朝更被除。"

①路逢少壮非吾道:"路逢",九家集注杜诗卷一六、杜诗详注卷二三并作"逢迎"。

絜东水

晋礼志曰:"汉仪,季春上巳,皆禊于东流水上,洗濯被除宿垢①。""为大絜②。絜者,吉阳气布畅③,万物讫出,始絜之矣。""晋中朝公卿以下至于庶人,皆禊洛水之侧。怀帝会天泉池,赋诗。陆机云:'天泉池南石沟引御沟水,池西积石为禊堂。'本水流杯饮酒,亦不言曲水。元帝又诏罢三日弄具。海西于钟山立流水曲水④,延百僚,皆其事也。"

①洗濯祓除宿垢:晋书礼志下"祓除"后有"去"字。

②为大絜:此下五句乃续汉书礼仪志上文字,惟以"洗濯祓除去宿垢"句同而误接于此,实当视作"洗濯祓除去宿垢"之注文。按,续汉书礼仪志上:"(明帝永平二年三月)是月上巳,官民皆絜于东流水上,曰洗濯祓除去宿垢疢为大絜。絜者,言阳气布畅,万物讫出,始絜之也。"又晋书礼志下:"汉仪,季春上巳,官及百姓皆禊于东流水上,洗濯祓除去宿垢。而自魏以后,但用三日,不以上巳也。晋中朝公卿以下至于庶人,皆禊洛水之侧。赵王伦篡位,三日会天泉池,诛张林。怀帝亦会天泉池,赋诗。陆机云:'天泉池南石沟引御沟水,池西积石为禊堂。'本水流杯饮酒,亦不言曲水。元帝又诏罢三日弄具。海西于钟山立流杯曲水,延百僚,皆其事也。"

③吉阳气布畅:"吉",属上读,续汉书作"言",此误。见上注。

④海西于钟山立流水曲水:"流水曲水",晋书礼志下作"流杯曲水",此误。见前注。

祓灞上

汉书:"武帝即位,数年无子。平阳公主求良家女十数人,饰置其家。帝祓灞上而过焉还平阳公主①,见所侍美人②,帝不悦。既饮,讴者进,帝独悦卫子夫。"应劭注云③:"祓,除也。今三月上巳祓禊是也。"

①帝被灞上而过焉还平阳公主：汉书外戚孝武卫皇后传作"帝被霸上，还过平阳主"。按，汉书孝武卫皇后子夫传："帝被霸上，还过平阳主。主见所侍美人，帝不说。"

②见所侍美人："侍"，同上书作"伃"，此误。按，同上书颜师古注："伃，储伃也。伃音丈纪反。"

③应劭注云："应劭"，同上书颜注引作"孟康"，此误。

禊曲江

唐辇下岁时记："三月上巳，有锡宴群臣，即在曲江。倾都人物，于江头禊饮踏青，豪家缚棚相接，至于杏园。进士局在亭子上，宏词、拔萃宴在池南岸，内学士、驸马等。张建封宴元巳曲江，特命宰相同榻入食。"

幸芳林

齐书："齐武帝永明元年三月三日，幸芳林园，禊饮朝臣，敕王融为诗序，文藻富丽，当代称之。"王融字元长，其诗序见文选。

承御沟

戴延之西征记："天泉之内，有东西沟承御沟水。水之北有积石坛，云三月三日御坐流杯之处。"

注天泉

邺中记："华林园中千金堤,作两铜龙,相向吐水,以注天泉池,通御沟中。三月三日,石季龙及皇后、百官临池会赏。"

登故台

宋书[1]："宋武帝三月三日登八公山刘安故台,曰:'城郭如匹帛之绕丛花也。'"

[1]宋书:今本沈约宋书未见有此文字,而太平御览卷三〇亦引宋书,则此宋书恐非沈书。

赏胜地

南部新书："贞元初,三月三日,宜任百僚择胜地追赏为乐,仍赐钱充宴会。"

临杯池

晋起居注："海西泰和六年三月庚午,诏三月三日,临杯池[1],依东堂小会。"

[1]临杯池:天中记引晋起居注"杯"前有"流"字。按,天中记卷四引晋起居注:"太和六年三月庚午朔,诏云:'三日,临流杯池,依

东堂小会。'宋志云:'海西于钟山后流杯曲水延百僚。'"

禊洛水

竹林七贤论:"王济尝解禊洛水,明日,或问王曰:'昨日游,有何语议?'答曰:'张华善说史、汉,裴逸民叙前言往行,滚滚可听。'"

置赏亭

西京杂记:"乐游园,汉宣帝所立。"唐长安中,太平公主于原上置亭游赏。其亭四望宽敞,每上巳、重九,士女戏就被禊登高,幄幕云布,车马填塞,绮罗耀日,馨香满路。朝士词人赋诗,翌日传于京师。老杜乐游园歌曰:"乐游古园萃森爽①,烟绵碧草萋萋长。公子华筵势最高,秦川对酒平如掌。"

①乐游古园萃森爽:"萃",九家集注杜诗卷二、杜诗详注卷二并作"崒"。

出临水

邺中记:"石虎三月三日临水会,公主妃主,名家妇女,无不毕出。临水施帐幔,车服灿烂,走马步射,饮宴终日。"

饮乐苑

宋略:"宋文帝元嘉十一年三月丙申,禊饮于乐游苑,旦祖道江夏王义恭、衡阳王义季。有诏会者咸作诗。"诏太子中庶子颜延年作序，见文选。

宴华林

晋书："晋朝上巳集宴于华林园也。"曾子固上巳瑞圣园锡宴呈诸同舍诗云："华林清缀儒冠集[①]。"

[①]华林清缀儒冠集：曾巩集"集"在"清"字后，此误。按，曾巩集卷八上巳日瑞圣园锡燕呈诸同舍："北上郊原一据鞭，华林清集缀儒冠。方塘涤涤春先渌，密竹涓涓午更寒。流渚酒浮金凿落，照庭花并玉阑干。君恩倍觉丘山重，长日从容笑语欢。"

集西池

王直方诗话："元祐中，秘阁上巳日集西池。王仲至有诗，张文潜和最工，云：'翠浪有声黄伞动[①]，春风无力彩旌垂。'秦少游云：'帘幕千家锦绣垂。'仲至笑曰：'又待入小石调也。'"

[①]翠浪有声黄伞动："伞"，苕溪渔隐诗话前集卷五一引王直方诗话作"帽"。

禊南涧

孙绰诗序："以暮春之始，禊于南涧之滨。高岭千寻，长湖万顷。"

会兰亭

王羲之兰亭序："永和九年,岁在癸丑,暮春之初,会于会稽山阴之兰亭,修禊事也。群贤毕至,少长咸集。此地有崇山峻岭,茂林修竹。又有清流激湍,映带左右。引为流觞曲水,列坐其次。向之所欣,俯仰之间,已为陈迹。"东坡词云："君不见兰亭修禊事,当时坐上皆豪逸。到如今、修竹满山阴,空陈迹。"又诗云："流觞曲水无多日,更作新诗继永和。"

游山阴

法书要录："晋穆帝永和九年暮春三月三日,尝游山阴,与太原孙统承公、孙绰兴公、广汉王彬之道生、陈郡谢安石①、高平郄昙重熙、太原王蕴叔仁、释支遁道林、王逸少子凝、徽、操之等四十有一人,修祓禊之礼,挥毫制序,兴乐而书,用蚕茧纸、鼠须笔,遒媚劲健,绝代更无。凡二十八行,三百十四字,字有重者皆构别体,就中'之'字最多。"

①陈郡谢安石:"谢安石",法书要录卷三唐何延之兰亭记作"谢安安石",此误。

宴太学

昌黎文上巳宴太学听弹琴序："天子肇置三令节,诏公卿有司率厥官属饮酒以乐。司业武公于是总太学儒官三十有六人，列宴于祭酒之堂。有一儒生，抱琴而来。"云云。

宴洛滨

白氏长庆集禊洛诗序："开成二年三月三日，河南尹李待价以人和岁稔，将禊于洛滨。前一日，启留守裴令公。公明日召太子少傅白居易、太子宾客萧籍、李仍叔、刘禹锡、前中书舍人郑居中、国子监司业李恽①、河南少尹李道枢、仓部郎中崔晋、司封员外郎张可续、驾部员外郎卢言、虞部员外郎苗愔、和州刺史裴俦、淄州刺史裴洽、检校礼部员外郎杨鲁士、四门博士谈宏謩一十五人，合宴于舟中。由斗亭，历魏堤，抵津桥，登临溯沿，自晨及暮，簪组交映，歌笑间发，前水嬉而后妓乐，左笔砚而右壶觞。望之若仙，观者如堵，尽风光之赏，极游泛之娱。美景良辰，赏心乐事，尽得于今日矣。若不记录，谓洛无人。晋公首赋，铿然玉振，顾谓四座，继而和之。居易举酒抽毫，奉十二韵以献。"诗曰："三月草萋萋，黄莺歇又啼。柳桥晴有絮，沙路润无泥。禊事修初毕，游人到欲齐。金钿耀桃李，丝管骇凫鹥。转岸回船尾，临流簇马蹄。闹平杨子渡，踏破魏王堤。妓接谢公宴，诗陪郇令题。舟同李膺泛，醴为穆生携。水引春心荡，花牵醉眼迷。尘街从鼓动，烟树任鸦栖。舞急红腰旋，歌迟翠黛低。夜归何用烛，新月凤楼西。"

①国子监司业李恽："李恽"，白居易集卷三三作"裴恽"，此误。

访东山

东坡志林：“黄州定慧院东小山上，有海棠一株。每岁盛开时，必为置酒，已五醉其下矣。今年复与参寥及二三子访焉，则园已易主。主虽市井人，然以余故，稍加培治。山上多老枳木，花白而圆，香色皆不凡，以余故，亦得不伐。既饮，憩于尚氏之第，竹林花木皆可喜。醉卧阁上，稍醒，闻坐客崔成老弹雷琴，作悲风晓角，铮铮然，意谓非人间也。晚乃步出城东，入何氏竹园，置酒竹阴下，兴尽乃径归。元丰七年三月三日也。”先生辄作数句云云。

乐新堤

古今词话：“东坡自禁城出守东武，适值霖潦经月，黄河决流，漂溺巨野，及于彭城。东坡命力士持畚锸，具薪刍，万人纷纷，增塞城之败坏者。至暮，水势益汹，东坡登城野宿，愈加督责，人意乃定。城不没者一板，不然，则东武之人尽为鱼鳖矣。坡复用僧应言之策，凿清冷口，积水入于古废河，又东北入于海。水既退，坡具利害，屡请于朝，筑长堤十馀里，以拒水势，复建黄楼以厌之。堤成，水循故道，分流城中。上巳日，命从事乐成之，有一妓前曰：‘自古上巳旧词多矣，未有乐新堤而奏雅曲者，愿得一阕，歌公之前。’坡写满江红曰：‘东武城南，新堤就①、涟漪初溢。遍长林翠阜外，卧红堆碧。枝上残花吹尽也，与君试向江头觅。问向前、犹有几多春？三之一。　官里事，何时毕。风雨外，无多日。相将泛曲水，满城争出。君不见、兰亭修禊事，当时座上皆豪逸。到如今、修竹满山阴,空陈迹。'俾妓歌之,坐席欢甚。"

①新堤就:"就",傅幹注坡词卷二作"畔"。

出北门

成都古今记:"三月三日,太守出北门,宴学射山。盖张伯子以是日上升,即此地也。男觋女巫会于此,写符篆以鬻于人,云宜田蚕,辟灾疫,佩者戴者,信以为然。东坡和子由诗云:'何人聚众称道人,遮道卖符色怒嗔。宜蚕使汝茧如瓮,宜畜使汝羊如麕。'"

游金明

岁时杂记:"京师有金明池,自三月一日开,人间多不知,故月初游人甚少。御史台预出榜,申明祖宗故事,许士庶游金明池一月。其在京官司,不妨公事,任便宴游,阁门御史不得弹劾。池在州西顺天门外街北,周围约九里,池面径七里。"

至浮桥

晋书夏统别传①:"统字仲御,母病,诣洛中药会。三月三日,洛中公卿以下,莫不方轨连轸,并至南浮桥边修禊。男则朱服耀路,女则锦绮粲烂。仲御在舟中,曝所市药,危坐不顾。贾充望见,深奇其节,愿相与语:'此人有心胆,有似冀缺②。'走问:'船中安坐者为谁?'仲御不应。重问,乃徐答曰:'会稽、北海闲民夏仲御。'"

①晋书夏统别传:按,晋书隐逸夏统传记此事,当取材于夏仲御别传,二者文字详略有异,而此条文字与艺文类聚卷四引夏仲御别传相近,"晋书"二字当属衍文。

②有似冀缺:"冀缺",史记作"冀阙",此误。按,史记商君列传:"居三年,作为筑冀阙宫庭于咸阳,秦自雍徙都之。"索隐:"冀阙即魏阙也。冀,记也。出列教令,当记于此门阙。"

宴江渚

荆楚岁时记:"荆楚四民,三月三日,并出江渚池沼间,为流杯曲水宴。取黍曲菜汁和蜜为食,以厌时气。一云,以黍曲和菜作羹。"

会薄津

魏志①:"袁绍三月上巳,大会宾徒于薄落津。闻魏郡兵及②,黑山贼于毒等数万人共覆邺城③,杀守④。坐中客家在邺者,皆忧怖失色,或起而泣,绍容貌自若,不改常度。"

①魏志:艺文类聚卷四、太平御览卷三〇并引此作"魏志",实则此段文字今见后汉书袁绍传。

②闻魏郡兵及:"及",后汉书袁绍传作"反",此误。

③黑山贼于毒等:"于毒",同上书作"干毒",此误。

④杀守:同上书作"杀郡守"。

问曲水

续齐谐记:"晋武帝问尚书郎挚虞曰:'三日曲水,其义何指?'对曰:'汉章帝时,平原徐肇以三月初生三女,至三日俱亡,一村以为怪,乃相携之水滨洗祓,因水以泛觞。曲水之义,盖起此也。'帝曰:'若如所谓,便非佳事。'尚书郎束皙曰:'挚虞小生,不足以知此,臣请说其始。昔周公城洛邑,因流水以泛酒,故逸诗云"羽觞随波"。又秦昭王三日置酒河曲,有金人自泉而出,捧水心剑曰:"令君制有西夏。"及秦霸诸侯,乃因其处立为曲水祠。二汉相沿,皆为盛集。'帝曰:'善。'赐金五十斤。左迁挚虞为阳城令。"东坡诗云:"岁月斜川似,风流曲水惭。"又上巳词云:"曲水浪低蕉叶稳。"

适东流

风土记:"汉末,有郭虞者有三女,一以三月上辰,一以上巳,一以上午,三日而三女产乳并亡,迄今时俗以为大忌。故到是月是日,妇女忌讳,不复止家,皆适东流水上,就通远地祈祓,自洁濯也。"

祠江上

拾遗录:"周昭王二十年,东欧贡女,一曰娟延①,二曰延蝉②,俱辩丽辞巧,能歌笑,步尘无迹,日中无影。及王游江汉,与二女俱溺,故江汉之间,至今思之,及立祠于江上。后十年,人每见二女拥王泛舟,戏于水际。至暮春上巳之日,禊集祠间,或以鲜时甘果,采兰杜包之,以沉于水中,或结五色彩以包之,或以金铁系其上,乃蛟龙不侵,故祠所号招祇之祠。"

①一曰娟延:"娟延",太平广记卷二九一"延娟"条引拾遗录作"延娟"。

②二曰延蝉:"延蝉",同上书作"延娱"。

袯西沼

湘山野录:"太祖、太宗潜耀日,尝与一道士游,无定姓名,自曰混沌,或曰真无。自御极,不复见。上巳袯禊西沼,道士揖太祖曰:'别来喜安。'上呿见之,一如平昔,抵掌而谈。上曰:'我寿还得几多?'对曰:'今年十月二十夜,晴,则可延一纪,不尔,当速措置。'上留之后苑,或见于木鸟巢中①,或数日不见。至所期之日,上御太清阁以望气。是夕晴明,星斗光灿,上心方喜。俄而阴霾四起,天地陡变,雪雹骤降。移仗下阁,急传宫钥开端门,召开封王②,则太宗也,延入太寝,酌酒对饮,悉屏宫宦,太宗避席,有不可胜之状。饮讫,禁漏三鼓,雪已数寸。帝引柱斧戳雪,顾太宗曰:'好做,好做。'遂解带就寝,鼻息如雷。将五鼓,众无所闻,帝已崩矣。"

①木鸟巢中:续湘山野录"木"后有"末"字。

②召开封王:按宋史太宗纪一:"征李重进,为大内都部署,如同平章事,行开封尹,再加兼中书令。"太宗赵匡义(光义)实封晋王,行开封尹事,此作"开封王"或即"开封尹"之转称。

歌薤露

后汉梁商字仲夏,上巳会宾客于洛水,酒酣,继以薤露歌。周举叹之曰:"哀乐失时,殃咎及矣!"商至秋果薨。按,崔豹古今注云:"薤露、蒿里,并丧歌也,出田横门人。横自杀,门人伤之,为作悲歌,言人命如薤上露,易晞灭也。亦谓人死,魂魄归于蒿里。故有二章,其一曰:'薤上朝露何易晞,露晞明朝更复滋,人死一去何时归?'其二曰:'蒿里谁家地,聚敛魂魄无贤愚。鬼伯一何相催促,人命不得久踟蹰。'至孝武时,李延年分二章为二曲,薤露送王公贵人,蒿里送士大夫庶人,使挽枢者歌之,世呼为挽歌。"老杜诗云:"尚缠漳滨疾①,永负蒿水饯②。"东坡诗云:"清唱一声闻薤露。"杜甫又哭李尚书诗云:"漳滨同蒿里③。"

①尚缠漳滨疾:"漳滨",九家集注杜诗卷一四、杜诗详注卷一六故秘书少监武功苏公源明诗作"漳水"。

②永负蒿水饯:"蒿水",同上书作"蒿里"。

③漳滨同蒿里:"同",杜集作"与"。按,九家集注杜诗卷三四、杜诗详注卷二二哭李尚书诗首二句作"漳滨与蒿里,逝水竟同年"。

作蛮语

世说:"晋郝隆为南蛮参军,三月三日作诗曰:'娵隅跃清池。'桓温问何物,答曰:'蛮人名鱼为娵隅。'桓温曰:'何为蛮语?'隆曰:'千里投公,始得一蛮府参军,那得不作蛮语耶!'"杜甫诗云:"儿童解蛮语,不必作参军。"

赐柳圈

景龙记:"三月三日,袚禊于渭滨,上赐侍臣细柳圈各一,言带之免虿毒。"

引流杯

文选颜延年有三月三日应诏宴曲水诗序,注云:"曲水者,引水环曲为渠,以流酒杯而行焉。"

置羽觞

逸诗:"羽觞随波。"文选注云:"羽觞,谓其置鸟羽于觞,以急饮也。"陆士衡诗云:"四坐咸同志,羽觞不可算。"杜少陵诗云:"昨日琼树间[1],高谈随羽觞。"

①昨日琼树间:九家集注杜诗卷一六、杜诗详注卷二三入衡州诗作"昨者间琼树"。

饮罚酒

世说:"郝隆为桓温南蛮参军,上巳会,作诗不成,罚酒三斗,而隆得一句而已。"

命赋诗

翰林志：“天后上巳日宴从臣于龙门，命赋诗。”

献鞋履

唐卢范馈饷仪[①]：“凡三月三日，上踏青鞋履子。”

①唐卢范馈饷仪：“卢范”，按本书卷三“点艾枝”条及太平御览卷首经史图书纲目并作“卢公范”，此误。

结钱龙

妆楼记：“长安有妓乐者，以三月三日结钱为龙，作钱龙宴。”

为龙饼

岁时记：“三月三日，或为龙舌饼。”

吞白蟾

茅亭客话：“有鲜于熙者，上巳日，饮万岁池旁，见一小白虾蟆，遂取之。即席有姓刘人，夺而吞之。熙戏之曰：‘阁下吞此白蟾，苟成道，只成强盗耳。’吞讫，仓忙饮水，昏闷旬馀，医治方愈。”

祭蚕神

隋礼仪志："隋制，于宫北三里为坛，季春上巳，皇后服鞠衣，重翟①，率三夫人、九嫔、内外命妇，以太牢制。币，祭先蚕于坛，用一献礼。"

①重翟:隋书礼仪志二句前有"乘"字，此脱。按，重翟，皇后所乘之车，以雉羽为饰，不可言"服"。

知蚕善

杂五行书："欲知蚕善恶，以三月三日天阴而无日，不见雨，则蚕大善。"

祈蚕福

成都记："三月三日，远近祈蚕福于龙桥，曰蚕市。"

占桑柘

博闻录："浙人以三月三日晴雨，占桑柘贵贱。谚曰：'雨打石头遍，叶子三钱片。'或言四日雨尤甚，杭人云：'三日尚可，四日杀我。'又曰：'三月十六晴，树上挂银饼。三月十六雨，树上挂泥土。'皆桑柘之先兆也。"

祝荠花

图经:"池阳上巳日,妇女以荠花点油,祝而洒之水中,若成龙凤花卉之状则吉,谓之'油花卜'。"

忌果菜

养生必用:"三月三日,勿食鸟兽五脏及一切果品、蔬菜、五辛,大吉。"

上冢墓

东坡云:"南海人不作寒食,而以上巳上冢。"

淘里化

燕北杂记:"三月三日,戎人以木雕为兔,分两朋,走马射之,先中者胜。其负朋下马,跪奉胜朋人酒,胜朋于马上接杯饮之。番呼此节为淘里化,汉人译云:'淘里是兔,化是射。'"